CB065745

CERVEJA ARTESANAL

CERVEJA ARTESANAL

Técnicas e receitas para produzir em casa

Dave Law e Beshlie Grimes

PUBLIFOLHA

Título original: *The Homebrew Handbook*
Publicado originalmente na Grã-Bretanha em 2012 pela CICO Books, uma divisão da Ryland Peters & Small Ltd., 20-21 Jockey's Fields, WC1R 4BW, Londres, Inglaterra.
Copyright do texto © 2012 Dave Law e Beshlie Grimes
Copyright do projeto gráfico e das fotos © 2012 CICO Books
Copyright © 2016 Publifolha Editora Ltda.

Todos os direitos reservados. Nenhuma parte desta obra pode ser reproduzida, arquivada ou transmitida de nenhuma forma ou por nenhum meio sem a permissão expressa e por escrito da Publifolha Editora Ltda.

Proibida a comercialização fora do território brasileiro.

Coordenação do projeto: Publifolha
Editora-assistente: Fabiana Grazioli Medina
Coordenadora de produção gráfica: Mariana Metidieri

Produção editorial: Página Viva
Edição: Carlos Tranjan
Tradução: Rosane Albert
Revisão: Fátima Couto, Ricardo Marques
Consultoria: Gustavo Marsan

Edição original: CICO Books
Editora: Caroline West
Designer: Ashley Western
Fotografia: Gavin Kingcome
Produção culinária e de objetos: Luis Peral-Aranda
Design da capa: Ashley Western
Foto da capa: Gavin Kingcome

Dados Internacionais de Catalogação na Publicação (CIP)
(Câmara Brasileira do Livro, SP, Brasil)

Law, Dave
  Cerveja artesanal : técnicas e receitas para produzir em casa / Dave Law e Beshlie Grimes ; [tradução Rosane Albert]. – São Paulo : Publifolha, 2015.
  Título original: The homebrew handbook.
  ISBN 978-85-7914-579-7
  1. Cerveja 2. Cerveja – História 3. Cerveja – Preparação 4. Produção artesanal I. Grimes, Beshlie. II. Título.

15-02916   CDD-641.23

Índices para catálogo sistemático:
1. Cerveja artesanal : Técnicas e receitas : Alimentos e bebidas 641.23

2ª reimpr. da 1ª ed. de 2015

Este livro segue as regras do Acordo Ortográfico da Língua Portuguesa (1990), em vigor desde 1º de janeiro de 2009.

Impresso na C&C Offset Printing Co. Ltd., China.

PubliFolha
Divisão de Publicações do Grupo Folha
Al. Barão de Limeira, 401, 6º andar
CEP 01202-900, São Paulo, SP
www.publifolha.com.br

NOTA DO EDITOR
Apesar de todos os cuidados tomados na elaboração das receitas deste livro, a editora original não se responsabiliza por erros ou omissões decorrentes da preparação das receitas.
Pessoas com restrições alimentares devem consultar um médico especialista sobre os ingredientes de cada receita antes de prepará-la.
As fotos podem conter acompanhamentos ou ingredientes meramente ilustrativos.

Sumário

Introdução
De monge a punk 6
Breve histórico da cerveja 8
Processo de produção 10
Equipamentos 14
Ingredientes essenciais 18
O método básico 26
Um pouco mais de ciência cervejeira 30
Solução de problemas 34

AS RECEITAS

CAPÍTULO 1
Cervejas belgas
Patersbier 37
Cerveja de abadia 38
Amber ale 41
Golden ale 41
Blonde ale 42
Elderflower blond 42
Champagne beer 45
Dubbel 46
Tripel 48
Quadrupel 48
Red ale belga 51
Flemish red 51
Saison 52
Cerveja de Natal 55
Cerveja de trigo 56
Ale com especiarias 56
Wildflower witbier 59
Witbier de amora 59
Stout 60
Tafelbier 60

CAPÍTULO 2
Cervejas inglesas
Bitter 63
Best bitter 64
Extra special bitter 64
India pale ale (IPA) 67
Pale ale 68
Ale de primavera 68
Cerveja de verão 71
Brown ale 72
Old ale 72
Mild 75
Dark ruby mild 76
Porter 78
Porter defumada 78
Stout 81
Chocolate stout 82
Oatmeal stout 85
Coffee stout 85
Barley wine 86
Scotch ale 86

CAPÍTULO 3
Cervejas alemãs
Weissbier 89
Roggenbier 90
Rauchbier 90
Helles 93
Bockbier 94
Doppelbock 94
Schwarzbier 97
Dunkel 97
Kellerbier 98
Kölsch 101
Hefeweizen 102
Oktoberfest 104

CAPÍTULO 4
Cervejas americanas
Pale ale 107
Steam beer 108
Cream ale 111
Milk stout 112
Double stout 115
Pale lager 115
Amber ale 116
Golden ale 116
IPA de verão 119
Strong ale 119
Bourbon beer 120
Cascade ale 122
Citra especial 122

CAPÍTULO 5
Cervejas de frutas
Cerveja de morango 125
Cerveja de framboesa 126
Cerveja de maracujá 126
Cerveja de cereja 129
Cerveja de figo 129
Cerveja de pêssego 130
Stout com amora 130

CAPÍTULO 6
Cervejas do resto do mundo
Pilsener 133
Vienna lager 134
Jade ale neozelandesa 137
Bokkøl 138

Glossário 140
Fornecedores cervejeiros / Sites e aplicativos 142
Índice 143
Agradecimentos / Sobre os autores 144

INTRODUÇÃO
De monge a punk

Se você está lendo este livro, é porque tem paixão por cerveja — uma paixão que o levará a querer produzi-la. Eu comecei na faculdade de arte, por duas razões muito simples: primeiro, para vender cerveja barata aos colegas e, depois, para me embriagar. Nada muito adequado para se dizer atualmente, mas, sejamos honestos, somos todos adultos.

Acho que amadureci desde então (e talvez minha mulher seja a pessoa mais indicada para julgar isso). Atualmente, uma cerveja, para mim, é mais uma questão de sabor, embora ainda me ajude a relaxar, e eu ainda goste da sensação de ter bebido uma ou duas a mais do que deveria. Há dezenas de bons livros sobre a produção caseira de cerveja, então o que torna este diferente? Bem, nele eu tento abreviar a mística, o palavreado e a atenção científica ao detalhe. Alguns livros, por exemplo, sugerem enrolar os baldes-fermentadores com edredom ou pendurar sacos de grãos ao longo de cabos de vassoura. Embora o conselho (e o conhecimento no qual se baseia) seja genuíno, espero fazê-lo produzir cerveja com o método e a explicação mais simples e eficientes possível. Afinal, dos sumérios aos vitorianos, a produção da bebida era pouco mais do que uma feliz coincidência, até o cientista francês Louis Pasteur (1822-1895) aparecer com seu estudo sobre como controlar aquelas irritantes leveduras. Antes, todos sabiam promover a fermentação, mas não tinham ideia de por que ou de como ela realmente funcionava. Os principais eventos que precisam ocorrer são muito simples:

- A conversão de amidos e carboidratos em açúcares
- A conversão subsequente dos açúcares em álcool
- A adição de lúpulos e adjuntos para dar sabor e preservar a cerveja

Você pode até querer saber o máximo dos detalhes, mas isso não é necessário. Siga os passos, as dicas e as orientações deste livro e estará produzindo sua cerveja num piscar de olhos.

Hoje, não é preciso decorar todas as equações complicadas e voltar aos livros escolares para refazer aquelas velhas lições de álgebra. Na internet, há aplicativos de cálculo de lúpulo e programas de fabricação de cerveja que farão tudo isso para você. Os próprios fornecedores locais de material para a produção da bebida também podem ajudar, e existem muitos fóruns específicos para ajudá-lo em caso de necessidade.

Se eu tivesse de apontar o único fator que pode impedi-lo de produzir uma cerveja decente, colocando em risco seu sucesso como cervejeiro, seria a sujeira. Basta um vestígio dela para que a chance de sua cerveja dar certo diminua. Por isso, sanitize, higienize, mais de uma vez. E, por favor, não limpe apenas com o passar dos olhos — você nem imagina quanta gente faz isso, em prejuízo próprio.

Divirta-se: sinônimos de bêbado
Embriagado, mamado, tô legal, briaco, esponja, ébrio, beberrão, tonto, emborrachado, chumbado, zonzo, triscado, bebum, torto, borracho, alcoolizado, pau-d'água, alegre.

7

Breve histórico da cerveja

A produção de cerveja é provavelmente a segunda profissão mais antiga do mundo. Começou em 6000 a.C., em algum lugar da Suméria e do Egito, de onde foi levada para a Europa pelos romanos. Em seguida, espalhou-se pelo norte da Europa por intermédio dos monges e de seus mosteiros, abadias e missões.

No passado, as pessoas literalmente "nasciam na cerveja", porque essa era a fonte mais segura de água limpa até o século XX. Os lúpulos só foram introduzidos no Reino Unido por volta de 1400 d.C., embora as evidências mostrem que já eram empregados na Alemanha e nos Países Baixos desde o ano 800. Muito antes de o lúpulo ocupar esse lugar, a cerveja já era feita com adjuntos. Há inúmeras receitas antigas que incluem ingredientes tão diversos como urze, murta, coentro e tej (um hidromel ou vinho de mel etíope). Tratava-se sempre de testar e desenvolver a bebida com os ingredientes locais disponíveis na ocasião.

Se alguns cervejeiros se consideram durões, lembremos do rei Venceslau da Boêmia (1205-1253), que não só agiu como representante de Deus na terra ao revogar uma lei que proibia a produção de cerveja no século XIII como também promulgou a pena de morte para quem fosse pego exportando seus amados lúpulos.

Em 1516, Guilherme IV da Baviera (1493-1550) tornou-se o pioneiro defensor da saúde ambiental ao introduzir a primeira regulamentação alimentar – a Reinheitsgebot (mais conhecida como Lei da Pureza da Cerveja alemã). Ela estabelecia que a bebida só poderia ser feita de água, cevada e lúpulo.

Atribui-se a Sam Whitbread III (1830-1915) a mais importante melhoria na história da produção de cerveja quando ele levou Louis Pasteur para a Inglaterra no século XVIII. O conhecimento de Pasteur das cepas de levedura (e de como controlá-las por meio da temperatura) permitiu que a cerveja fosse produzida o ano inteiro, com mais regularidade e menos acidentes. Poucos anos antes, cerca de doze pessoas morreram no East End de Londres quando algumas cubas de fermentação explodiram.

A Revolução Industrial e a ascensão do Império Britânico viram a Inglaterra expandir a produção e a exportação de cerveja pelo mundo – sendo a India Pale Ale (IPA) o melhor exemplo. O novo estilo clássico foi o catalisador que impulsionou os cervejeiros da Alemanha e da Holanda a se afastar de suas antigas variedades escuras e a desbravar estilos que hoje associamos às lagers de baixa fermentação. Os ingleses e seu sucesso com a IPA logo foram eclipsados pelos cervejeiros americanos, que rapidamente ascenderam ao topo e ao domínio da produção, superando todos os antecessores na participação de mercado, embora, àquela altura, ainda não os sobrepujassem no que tangia ao sabor.

A cerveja moderna

Por volta de 1989 (enquanto eu pretendia ser o próximo Salvador Dalí), poucos pubs na Inglaterra vendiam outra coisa que não as convencionais marcas multinacionais de lagers homogeneizadas – tão fortes e refrigeradas como se para eliminar a possibilidade de terem qualquer gosto. Vinte anos depois, sou dono de dois pubs premiados que servem cervejas artesanais de barril, em Londres. No Reino Unido, o consumo da lager caiu cerca de 25% nos últimos cinco anos, com a ale verdadeira sendo a única em ascensão no setor. As microcervejarias prosperaram desde as Beer Orders de 1989, quando Margaret Thatcher benevolentemente tentou quebrar o poder das "Seis Grandes" cervejarias.

Alguma coisa boa restou daí – principalmente o aumento da quantidade de microcervejarias.

BREVE HISTÓRICO DA CERVEJA

O número delas havia saltado de 252 em 1989 para cerca de 848 na ocasião da pesquisa para este livro, com mais quatro inauguradas em 2011 só em Londres. Havia pelo menos outras duas na fila – e praticamente todas essas microcervejarias tiveram um começo humilde, produzindo variedades caseiras.

Os Estados Unidos anteciparam essa revolução, com microcervejarias começando a surgir quando empresários de visão perceberam que o público estava cansado do que lhe era oferecido pelas grandes corporações. Cervejarias como Samuel Adams, Sierra Nevada, Geary's, Stone e Dogfish Head foram as principais responsáveis por essa explosão de opções de sabor em um mercado literalmente sedento por algo novo e diferente. É perdoável que se pense que a Dogfish Head e a Stone possam ser a inspiração por trás dos autodenominados cervejeiros punks da BrewDog, na Escócia.

Curiosidades históricas

Os monges medievais acreditavam que a argamassa para as igrejas ficava mais forte misturada com cerveja.

Em algumas igrejas da Inglaterra, ainda são servidos pão e cerveja aos viajantes.

O Domesday Book (1086) registra que os monges da Catedral de São Paulo, em Londres, produziram quase 70 mil galões imperiais (cerca de 320 mil litros) de cerveja naquele ano.

Os monges usavam os símbolos x, xx e xxx para qualificar o nível da cerveja.

Depois do Julgamento da Cerveja de 1266, foram nomeados degustadores oficiais nas vilas e cidades do Reino Unido para testar a qualidade da bebida e a precisão das medidas usadas.

No início do século XIV havia um "pub de cerveja" para cada doze pessoas na Inglaterra.

Henrique VIII deu à medida "pint" (0,568 litro) seu selo governamental e criou o "cipoal" de regulamentação mais conhecido hoje no Reino Unido como Trading Standards.

Não faz muito tempo – 1810, para ser exato –, havia 48 mil cervejarias para cerca de 8 milhões de pessoas no Reino Unido, e um pub para cada 166 pessoas. Por que esses números declinaram tanto?

John Wagner foi o primeiro a produzir cerveja lager nos Estados Unidos – na Filadélfia, em 1840.

INTRODUÇÃO

Processo de produção

Se há algo que encarna a filosofia punk – o espírito de "faça você mesmo" dos anos 1980 – é a microcervejaria ou a cervejaria caseira. Como eu disse, trata-se de um processo relativamente simples de dominar.

Quando você projeta e produz uma cerveja, ela reflete quem você é e como estava se sentindo na ocasião. Dependendo daquele momento, poderá ser extremamente científica, agradável, inovadora e experimental, ou profundamente pessoal. A imensa satisfação de ter criado sua própria cerveja – um projeto conduzido do início ao fim – é uma alegria permanente. Você pode produzir a bebida em casa usando um kit em lata, ou extrato de malte, ou, ainda, a partir dos próprios grãos (all-grain).

Com um kit em lata

Os atuais kits para a produção de cerveja partiram dos primeiros e insípidos kits em lata dos anos 1970 e 1980, com suas exigências extravagantes. A escolha agora é múltipla, com marcas regionais e globais bastante acessíveis. Mundos cientificamente distintos dos de seus primos de calça boca de sino, os kits modernos inspiram confiança nas pessoas porque permitem obter resultados consistentes e de qualidade. Esse é o método mais simples, basta seguir as instruções escritas na lata.

Com extrato de malte

Um degrau acima, esse método usa extrato de malte líquido pronto como base – apenas acrescente água, lúpulos (se necessário), adjuntos (se desejar) e a levedura de sua escolha. Talvez seja o método mais popular nos Estados Unidos. Feito normalmente em um caldeirão médio no fogão (embora seu par possa não gostar), permite poupar tempo se comparado ao método de utilização de grãos. Além disso, os kits de extrato de malte líquido são mais rápidos de fazer e necessitam de menos espaço para armazenagem. (Esse método é bem abordado em muitos livros de produção caseira de cerveja e também na internet.)

Com o método tradicional do malte em grãos

Para mim, esse é o caminho a seguir se a sua ideia é seriamente produzir cervejas de ótimo paladar que reproduzam na medida do possível suas favoritas ou que quebrem a monotonia das cervejas. Vai lhe custar mais tempo e equipamento, mas, com um pouco de prática, você logo estará apto a criar e adaptar cervejas conforme seus desejos. A recompensa será muito satisfatória e suavizará o custo extra!

Mergulhe em sua primeira experiência e domine o processo tradicional. Não se envergonhe: o velho ditado do "aprendemos com nossos erros" é verdadeiro. Seja paciente e, se estiver preocupado com a possibilidade de a cerveja não dar certo, reduza proporcionalmente os ingredientes. Faça seu aprendizado por uns cinco meses; depois, explore outros ingredientes e técnicas, e passará de uma boa cerveja para uma grande cerveja, eu garanto.

Os três problemas principais

Quando produzir cerveja em casa, por favor, tenha em mente os pontos a seguir, porque eles realmente podem influenciar suas chances de sucesso.

LIMPEZA Mantenha tudo muito limpo, se quiser que a cerveja tenha um sabor para beber, e não para temperar frango (veja na p. 17 as dicas para limpeza e sanitização).

ÁGUA Uma cerveja com 4% de álcool tem cerca de 96% de água. O quanto a água for "dura" (com mais cálcio) ou "mole" (com menos) vai influir no sabor do estilo de cerveja escolhido. De qualquer modo, comece com água do filtro até ficar mais confiante. Se estiver preocupado com cálcio e outros tratamentos químicos, ferva a água por 15-20 minutos. A gipsita (entre outras coisas) é usada frequentemente pelos cervejeiros para tratar a água. Outros sais para tratamento são encontrados nos fornecedores locais, e você pode brincar infinitamente com esse aspecto da produção (pp. 30-1).

ARMAZENAMENTO Como quer armazenar sua cerveja? Em minikegs, barris ou garrafas? A menos que excepcionalmente bem acondicionada, a cerveja em recipientes maiores tenderá a ser menos carbonatada. A cerveja carbonatada em garrafas durará mais tempo, mas apresentará variações de sabor e textura.

Os seis estágios

A brassagem, a lavagem, a fervura, a fermentação, a trasfega e o acondicionamento – e, claro, a melhor parte, a sétima, a hora de beber! Falando a sério, é preciso dominar os seis estágios-chave para produzir uma cerveja boa.

1. BRASSAGEM Isso se faz mergulhando os grãos em água aquecida. Prefiro usar um caldeirão com uma bazooka, mas o fundo-falso também funciona muito bem. O termo "brassagem" significa adicionar os grãos lentamente à água preaquecida e mexer, até que todos eles fiquem molhados e os grumos se desfaçam. (Como se estivesse fazendo um purê, embora a brassagem fique parecendo um mingau.)

Não exagere; mexer demais pode resultar em cerveja turva pelo excesso de amido liberado, algo que os cervejeiros da velha guarda não sabiam. Os grãos devem ficar hidratados, mas não saturados a ponto de ficar encharcados.

A temperatura deve ser mantida entre 60-68°C. Eu prefiro 66°C durante 60-90 minutos. Para ajustar a temperatura, ligue e desligue o fogo, se necessário. Como todo cozinheiro experiente, mantenha água gelada ou fervente à mão.

2. LAVAGEM DOS GRÃOS Também conhecida como *sparge*, é uma invenção escocesa para retirar dos grãos, do modo mais eficiente possível, o máximo de açúcares convertidos, a fim de formar o mosto. Depois de escoar a maior parte do líquido doce do malte, faz-se a lavagem borrifando água à temperatura de 75-78°C sobre a superfície dos grãos para extrair o máximo possível do açúcar do malte enquanto se interrompe a conversão em açúcar. Depois, por favor, não mexa mais!

Despeje de volta o primeiro e o segundo líquidos escoados sobre o grão e complete com qualquer outro líquido sobressalente, escoando até que não esteja mais doce. O teste de lamber o dedo é indicado aqui (passe o dedo sob a torneira do caldeirão e lamba para ver se o líquido ainda está doce). Quando não estiver mais, feche a torneira. Proceda aos escoamentos com calma, para obter muitos açúcares fermentados.

Ao fazê-lo, cuidado para não agitar a cama de grãos e, assim, escoar muito sedimento. Você pode usar um sparger específico para essa finalidade, um regador higienizado ou uma jarra simples, desde que espalhe o líquido uniformemente sobre a superfície de

CERVEJA CASEIRA
Cinco passos para o sucesso

Ao fazer a cerveja em casa, siga estes passos:

1. A cevada maltada é mergulhada em água quente para extrair os açúcares do malte.

2. Essa solução de açúcar de malte é fervida com lúpulo.

3. A infusão de malte e lúpulo é esfriada, e nela se inocula a levedura para começar a fermentação.

4. A levedura fermenta e consome os açúcares, liberando dióxido de carbono (CO_2) e álcool etílico.

5. Quando a fermentação está completa, a cerveja pode ser colocada em um minikegs, barris ou garrafas. Adiciona-se uma pequena quantidade de açúcar para o priming, vital para a carbonatação natural da cerveja.

grãos. Dica: despeje a água através dos furos de uma escumadeira. Deixe o líquido assentar por cerca de 10 minutos entre cada escoamento e não acrescente demais para que não fique acima dos grãos. Qualquer líquido extra pode ser adicionado na próxima fase, a fervura, para compensar a última perda por evaporação.

3. FERVURA Em casa, você pode utilizar um caldeirão sobre um fogão ou fogareiro próprio, ou usar um caldeirão elétrico.

Caldeirões grandes para o método em grãos ajudarão a ferver mais rápido e permitem ajustar mais facilmente a temperatura. Os componentes do caldeirão elétrico, como a resistência, costumam superaquecer e desligar, porque os lúpulos grudam ali. Proteja-os com malha ou gaze ou, melhor ainda, trabalhe com um fundo-falso. Não se esqueça de pensar em como vai esfriar a fervura resultante para 20°C. Recentemente, passei para um caldeirão de 55 litros – grande demais para um banho de gelo. Alguns cervejeiros caseiros costumam deixar que o mosto esfrie durante a noite. Alternativamente, use um chiller, vendido pronto pelos fornecedores especializados.

4. FERMENTAÇÃO PRIMÁRIA Esse é o processo de adicionar ou inocular a levedura para converter os açúcares do mosto em álcool e dióxido de carbono. Há uma grande variedade de leveduras, e elas vêm na forma seca ou líquida. Você pode cultivar leveduras a partir de garrafas de cerveja ou de barris de bar, o que será muito útil se estiver tentando clonar/copiar sua cerveja favorita (p. 33; o cultivo de levedura é também mais bem explicado nessa página). Por ser mais conveniente e rápido, prefiro a confiabilidade das leveduras que vêm com um ativador, que já estão disponíveis nos fornecedores on-line.

5. TRASFEGA É o termo para a transferência da cerveja para o recipiente de sua escolha, depois que a fermentação primária se completou. Quer você decida usar garrafas, barris ou embalagens pet (estas às vezes utilizadas para receber amostras de uma cerveja cuja receita você ainda está desenvolvendo), é essencial esterilizar o recipiente, ou você corre o risco de estragar a cerveja. O fermentador tem de estar pelo menos 30 cm acima do recipiente para garantir que a densidade ajude a velocidade do fluxo. É bom deixar o fermentador em posição algumas horas antes de fazer a trasfega, a fim de permitir que

Misturando água e malte    O mosto de cerveja    Preparo para a lavagem

os sedimentos assentem no fundo, abaixo da torneira. Isso vai aumentar as chances de obter uma cerveja "brilhante" (logicamente, se você quer sedimentos, não se preocupe em fazer isso), já que a levedura da superfície vai se assentar no fundo do fermentador.

Coloque um sifão na extremidade para poder controlar o fluxo que vai para o recipiente. O que tem um tubo em U na extremidade ajudará a evitar a passagem de qualquer sedimento. Tradicionalmente, você teria de colocar o tubo em U no fermentador comum, abrir a torneira e sugar para a cerveja passar. Tudo bem se só você for beber a cerveja, mas recomendo que use um fermentador com uma torneira na parte de baixo se estiver planejando comercializar ou dividir sua cerveja com os amigos. Lembre-se de que deve haver um grande número de germes em sua boca, e é preciso manter tudo o mais limpo possível. Os lactobacilos são os maiores responsáveis pela deterioração da cerveja, com as leveduras selvagens vindo logo atrás. Por isso, tente respingar a cerveja o mínimo, pois isso os espalharia completamente. Uma alternativa para minimizar os respingos é despejar o líquido do sifão primeiro em um funil.

6. CARBONATAÇÃO Carbonatar é produzir uma última fermentação já no recipiente escolhido, gerando o dióxido de carbono que dá à cerveja sua ligeira efervescência. Para conseguir esse efeito, o barril é a melhor opção. O sabor fica mais redondo, cheio, e não pode ser reproduzido em outros recipientes por causa da carbonatação "viva" e do dry hopping generoso. A diversidade e a complexidade de sabores harmonizados com a singularidade do barril conta a favor nas vendas das cervejas do Reino Unido.

Para o cervejeiro ortodoxo, uma parte crucial da arte é maturar o barril na adega, sem refrigeração. Embora você também possa fazer isso, terá de tomá-la dentro de três a cinco dias, assim que a cerveja tiver sido escoada (um barril de 20 litros é o ideal). Dependendo de quanto *au naturel* quer que a cerveja fique – e se conseguir conter sua excitação –, você pode pode armazená-la a frio e deixá-la maturando por mais algumas semanas para obter o mesmo efeito. Os açúcares residuais serão suficientes para começar a carbonatação, desde que o recipiente esteja hermeticamente fechado.

Por isso, acrescente apenas a quantidade de açúcar para o priming que for absolutamente necessária, ou seguindo as instruções do fabricante. O açúcar alimenta a levedura restante, criando dióxido de carbono. Se você colocar a mais, vai obter uma cerveja excessivamente gasosa que, no caso de garrafas, pode fazer o vidro explodir.

Se usar açúcar, adicione 1 colher (chá) para cada litro de cerveja. Deixe um espaço aproximado de 2,5 cm no alto da garrafa ao enchê-la e tampe seguindo as instruções do fabricante. Quando todos os recipientes estiverem bem tampados ou o barril hermeticamente fechado, conserve-os por uma semana à temperatura de 20°C. Limpe com desinfetante para livrar-se de qualquer respingo de cerveja. Depois, leve-os para uma adega ou geladeira adaptada por alguns dias à temperatura de 12-15°C. Toda a levedura produzida com a carbonatação ajudará a deixar a cerveja "brilhante" se for conservada fria. Se não estiver preocupado com a limpidez, vá em frente.

7. O SETE DA SORTE: BEBER! Prove a cerveja depois de uma semana mais ou menos. Se estiver sem ou com pouco gás, leve-a de volta para um local aquecido e prove-a de novo dentro de alguns dias. Se estiver com gás demais, tente gelá-la antes de servir. Se a cerveja estiver abaixo de 10°C, estará propensa a sofrer "turbidez do gelo"; se acima de 15°C, será mais difícil assentar e ficar "brilhante".

Mais leveduras se formarão durante a carbonatação – assim, no caso das garrafas, tente não agitar ao despejar no copo. Se a cerveja esguichar, ela foi excessivamente condicionada ou está muito quente. No primeiro caso, basta lhe dar alguns dias a mais para assentar. No segundo, trate de esfriá-la rapidamente! Válvula de pressão e respiradores no barril podem ajudar, mas não conte isso aos amigos da espuma.

Como servir e provar a cerveja

Não vou insultar sua inteligência. Se até agora você não sabe despejar a cerveja no copo, pergunte à sua mãe. Se, ao prová-la, achar que não ficou como queria, não desanime. Há muitas variáveis durante a produção. A essa altura, não haverá duas levas iguais e inevitavelmente algo sairá errado. Cervejeiros regionais e microcervejeiros muitas vezes têm de jogar a cerveja fora em busca da perfeição. Comece com quantidades pequenas até ganhar confiança.

Nota sobre a produção de lager

O processo de produção da lager é o mesmo que o da ale, exceto que a primeira é fermentada em temperatura bem mais baixa (0-5°C) e precisa de leveduras diferentes. A fermentação leva duas vezes mais tempo, e o produto final precisa ser armazenado por semanas, às vezes meses, para "lager" ("guardar", em alemão) apropriadamente. É por isso que está além da capacidade da maioria dos cervejeiros caseiros. Ainda assim, tente – tenho certeza de que conseguirá produzir algo bem saboroso.

Equipamentos

Adquirir o equipamento certo para a produção de cerveja é um investimento que vale a pena e que lhe trará os melhores resultados. A seguir, uma lista dos itens mais úteis para obter sucesso e prazer nos seus experimentos cervejeiros.

BALANÇA É preciso enfatizar a importância de comprar uma balança digital para medir quilos e gramas. Depois que tiver adquirido sua lista de grãos, lúpulos e adjuntos, você não vai querer desperdiçar um só grama, portanto faça um favor a si mesmo e compre uma balança!

BALDE Para o processo de esterilização do equipamento. Precisa ser grande o suficiente para conter alguns litros de desinfetante e o equipamento.

BALDE DE FERMENTAÇÃO Use baldes para alimentos (com 25 litros de capacidade), com tampas que fechem firmemente, para a fermentação primária. Tente obter baldes com tampa apropriada, a fim de facilitar o uso. Costumam ser encontrados nas boas lojas especializadas.

BARRIL Gosto do keg com torneira embaixo com capacidade para 26 litros e um gargalo de 10 cm, que facilita a limpeza. A tampa de rosca vem com liberação para pressão e uma válvula para introduzir CO_2 a fim de liberar automaticamente o excesso de gás quando há over-priming. Gás adicional também pode ser introduzido para manter a pressão interna. É uma ótima escolha se sua produção necessita de tempo para maturar e clarear.

BRAÇADEIRA Um dispositivo útil para manter as mangueiras firmes, em qualquer etapa da produção. A braçadeira deve poder fechar por completo e ajustar-se perfeitamente à mangueira.

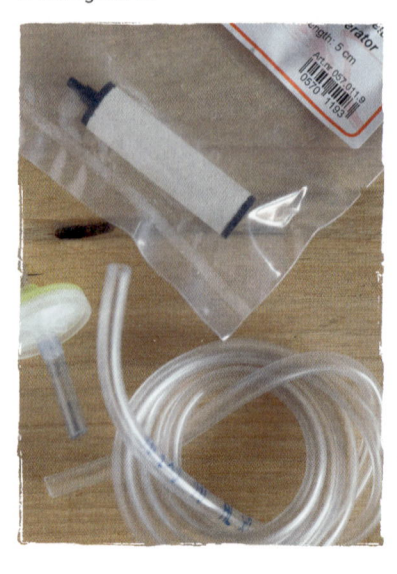

CALDEIRÃO Elétrico ou a gás, com capacidade para grande volume de líquido, mantém a fervura pelo tempo necessário.

CONTROLADOR DE TEMPERATURA Se puder, separe uma geladeira velha só para a evolução da sua lager. Basta conectar a geladeira ao controlador e ligá-lo na tomada. Ajuste o termômetro interno da geladeira e o controlador na temperatura de guarda a 13°C para a fermentação primária e a 4°C para a maturação

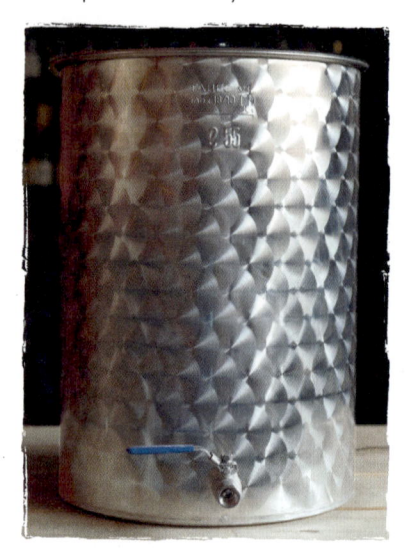

Kit de aeração

Caldeirão para fervura

Tampador de garrafa

Recipientes para fermentação

(normalmente um mês). O controlador ligará e desligará conforme a necessidade para atingir e manter a temperatura correta.

CUBA DE BRASSAGEM Pouco comum no Brasil, ela alivia o trabalho de ferver o malte no fogão, com os inevitáveis transbordamentos de mosto açucarado. É muito eficiente e capaz de fazer a brassagem de até 10 kg de grãos. Normalmente ela vem completa, com tampa e separador integral de mosto com capacidade para 30 litros.

DENSÍMETRO E PROVETA Tente obter um densímetro que também meça a temperatura, especialmente porque a leitura de um densímetro só é precisa a 15°C. Adquira também uma proveta com base, que pode ser útil para medir uma densidade específica. É uma peça barata e essencial para um kit de produção de cerveja.

ENCHEDOR DE GARRAFA Útil, apesar de não essencial. Prenda-o a uma extremidade do sifão ou à torneira do balde de fermentação. Quando a extremidade do bastão alcançar o fundo da garrafa, uma válvula vai se abrir, deixando a cerveja fluir.

ESCORREDOR DE GARRAFA Com capacidade para 45-80 garrafas, permite que estas se mantenham limpas enquanto secam.

ESCOVAS Obrigatórias para a limpeza completa da mangueira, das válvulas e dos gargalos do fermentador. Idealmente, você precisa de uma escova para garrafão, de náilon e estreita. Está à venda nos fornecedores especializados.

FILTRO Uma peneira normal de trama fina vai funcionar bem se for necessário filtrar o sedimento. Eu uso muitas vezes uma peneira de metal.

GARRAFAS Qualquer formato de garrafa serve, mas evite as com tampa de rosca. As garrafas devem ser marrons. (Se conseguir garrafas com tampa hermética, não vai precisar de tampador.)

KIT DE AERAÇÃO Consiste em bomba, filtro, pedra de difusão e mangueira. Essa importante peça introduz o oxigênio no mosto para que a levedura inicie o processo de fermentação.

MANGUEIRAS Você vai precisar de mangueiras de PVC transparentes e próprias para alimentos. Idealmente, devem ser descartadas e substituídas por novas depois de usadas dez vezes. Será necessária uma mangueira larga para usar para escoamento e uma fina que ficará ligada ao tubo para trasfega. (A mangueira larga deve ter aproximadamente 2,5 cm de diâmetro, e a estreita, 1 cm.)

PÁ CERVEJEIRA Essencial para mexer a água aquecida adicionada aos grãos e desfazer grumos de malte durante o processo de brassagem. A pá cervejeira é básica e é difícil produzir cerveja pelo método em grãos sem ela. Muitos cervejeiros entusiastas fazem sua pá de carvalho ou bordo, mas não se deve usar o pinho porque modifica o sabor da cerveja. Precisa ser bem longa e ter base oblonga com seis a oito grandes aberturas perfuradas. Se estiver construindo a sua pá,

Cuba de brassagem

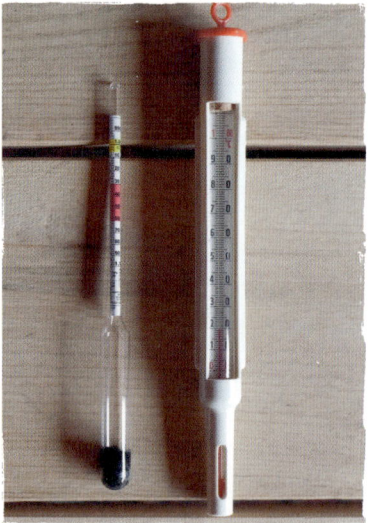

Termômetro e leitor de densidade original

Tubo para a trasfega

encha o caldeirão com 4,5 litros de cada vez, marque os volumes de acréscimo na pá e poderá ver aproximadamente quanto mosto você tem a qualquer momento.

PANELA OU CALDEIRÃO De alumínio ou inox, podem ser usados no lugar da cuba de brassagem, que é mais cara.

RECIPIENTES PARA FERMENTAÇÃO Garrafões de vidro ou plástico podem ser empregados para a fermentação primária ou secundária. Se for para a primária, use também uma válvula airlock. Podem ser também grandes baldes plásticos para alimentos com tampa hermética que permita anexar uma rolha e uma válvula airlock.

SACO PARA GRÃOS Saco grande de malha bem fina necessário para reter todos os grãos durante a brassagem. Use sempre saco de náilon – tem a malha mais fina e dura muito mais tempo do que o de musselina. Quanto mais fina a malha, menos partículas sobram no mosto. Ele deve medir no mínimo 50 cm x 50 cm.

SERINGA GRANDE Ótima para recolher amostras pequenas para provar ou para descobrir a densidade específica.

TAMPADOR DE GARRAFA Um tampador de bancada é mais fácil de usar porque fica fixo na área de trabalho, embora os tampadores com dois braços sejam mais comuns. Os dois tipos podem ser encontrados pela internet ou em lojas especializadas.

TERMÔMETRO Se não tiver um densímetro com termômetro, então um termômetro de metal servirá. Não compre o de vidro porque quebra com facilidade.

TUBO PARA TRASFEGA Parte essencial do kit para transferir a cerveja para garrafas, normalmente longo o suficiente para se encaixar a fermentadores de 20 litros. Eu prefiro o de plástico, mas também existem os de metal. Qualquer resíduo é mais fácil de detectar nos tipos de plástico claro. Existem alguns com uma câmara de sucção interna que pode começar a trasfega sem que você precise sugar o tubo – como já dissemos, a higienização é o ponto-chave, portanto não é bom introduzir bactérias a essa altura.

VÁLVULA AIRLOCK Simples de usar, ajuda a verificar se a cerveja está produzindo CO_2. Observe a linha d'água para ver se o gás está borbulhando.

Esterilização

Se pretende seriamente fazer uma grande cerveja, então continue lendo. O que aprender aqui fará toda a diferença entre obter uma cerveja bebível ou aquela que será despejada no ralo. Higienize, higienize e higienize novamente – por mais cansativo que seja, você vai me agradecer depois!

Faça uma solução de desinfetante em um balde e nela mergulhe todo o equipamento. A solução pode ser comprada em seu fornecedor, seja em forma líquida ou em pó. Pessoalmente, prefiro o pó à base de cloro. Siga as instruções do fabricante. Depois, ponha a solução num borrifador para poder limpar bancadas e fazer limpezas de última hora. Mantenha um pano de prato exclusivamente para a produção de cerveja, e não use o que já foi utilizado antes na cozinha, porque conterá inúmeras bactérias destruidoras de cerveja. Qualquer coisa que estiver viva e se desenvolvendo antes da fervura morrerá depois, portanto não fique obcecado antes do acontecimento principal. Nesse estágio, o equipamento só precisa ser limpo – depois da fervura é que os problemas acontecem. Então, tudo o que entrar em contato com a cerveja – tudo mesmo, inclusive os baldes de fermentação, os tubos e as válvulas – deverá ser mergulhado em solução esterilizante. Se seguir esse conselho, terá boas chances de sucesso. Boa sorte!

> **KIT DE LIMPEZA**
> Para fazer uma grande cerveja, limpe e higienize sempre. Adquira um balde para esterilização, produtos químicos para esterilizar (para fazer uma solução higienizante), um pano de prato e um borrifador.

Esterilização do equipamento antes do uso

Esterilização com água fervente

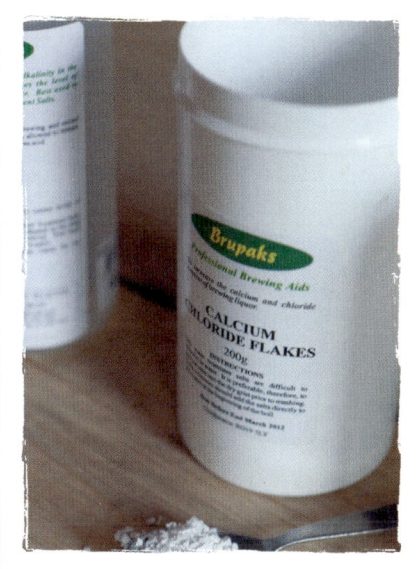

Sal para tratamento da água

Ingredientes essenciais

Neste livro, vale o ditado "você é o que você come". Usar os melhores ingredientes ao produzir cerveja é vital para o sucesso – tente sempre eliminar as áreas em que pode vacilar. Sempre que posso, opto por ingredientes orgânicos.

Água

Essa pode ser uma questão complexa. Apesar de não haver dúvida quanto ao valor da boa água para melhorar a extração dos açúcares do malte, ampliar a utilização do lúpulo e permitir uma fermentação mais limpa, é preciso lembrar que por centenas de anos os cervejeiros fizeram boas cervejas sem outro tratamento na água além da fervura.

Ainda hoje, geralmente se aceita a crença de que a água de Burton-on-Trent [cidade no centro da Inglaterra] é a melhor do mundo para a produção de cerveja. Esse mito foi desfeito pelo grande autor de livros sobre cerveja Roger Protz, que recentemente descobriu gráficos de abastecimento público remontando a tempos anteriores à fama da IPA e que parecem desmentir as alegações relacionadas a Burton. Os gráficos mostram uma grande variação nos carbonatos, sugerindo que o que é chamado de ocorrência natural de água com gipsita não era tão idílico quanto o marketing sugeria. Hoje os gráficos de abastecimento público mostram uma alarmante disparidade entre o dia e a noite. [Para obter dados mais precisos sobre a composição química da água em sua cidade, entre em contato com a companhia responsável pelo abastecimento.]

A água é muito frequentemente supervalorizada pelos cervejeiros caseiros, mas não se pode negar a influência dela sobre a produção da bebida. Isso se deve principalmente aos níveis de carbonato de cálcio, sódio e nitratos que nela podem estar presentes. Como a ciência cervejeira progrediu muito nos últimos dez anos, a tecnologia e a melhora da qualidade dos ingredientes realmente nos dão a capacidade de produzir uma cerveja do mesmo nível das comerciais. Por isso, seria uma vergonha não encaixar a última peça do quebra-cabeça ao deixar de levar em consideração a água. Antes que isso se torne uma lição de química, eu sugeriria ajustar um bom filtro a suas fontes de abastecimento. Isso remove o cloro, polifenóis, metais duros etc. Não é preciso encanamento; basta substituir os cartuchos seguindo as instruções do fabricante. A filtragem é, de longe, o método mais fácil, e também reterá outras impurezas, como ferrugem e areia.

Alternativamente, ferva a água por 15-20 minutos para eliminar as substâncias químicas em suspensão. Seu objetivo é obter um pH por volta de 5,3-5,6 para cervejas de fermentação baixa e de 5,0-5,1 para as de fermentação alta. Por isso, se não ferver ou filtrar, você vai elevar essas taxas. Não se esqueça de limpar o caldeirão depois, para remover a espuma e os sedimentos químicos (a ideia é impedir que eles se introduzam novamente).

Se quiser saber mais sobre a qualidade da água, vá até as pp. 30-1 para uma lição completa sobre esse assunto fascinante.

Maltes

O grão mais popular para a produção de cerveja é a cevada, embora o trigo também seja usado, principalmente nas cervejas belgas Weiss e Wit. Hoje, a cevada precisa apresentar uma série de propriedades especializadas para alcançar os padrões exatos de uma produção de cerveja. É analisada por variedade e por conteúdo de nitrogênio e umidade antes mesmo que a maltagem seja tentada. A cevada é o grão mais comumente maltado, por seu potencial diastático ou "poder enzimático". Isso geralmente se refere apenas aos grãos que começaram a germinar. A germinação resulta na produção de inúmeras enzimas, como a amilase, que converte o amido em açúcar; assim, os açúcares podem ser extraídos do amido da cevada simplesmente mergulhando-se o grão na água em temperatura controlada – o que é chamado de brassagem.

A casca do grão é muito dura, por isso é preciso adicionar água, calor e aeração para fazê-lo germinar. Assim que germina, o crescimento é interrompido por um processo chamado secagem, facilitando o desenvolvimento de enzimas que convertem os amidos em açúcares. Isso também é vital, porque as enzimas quebram as proteínas para a conversão em álcool operada pela levedura.

Em geral, quanto mais quente for a secagem do grão, menor será sua atividade diastática. Como consequência, apenas os grãos levemente coloridos podem ser usados como base para maltes (malte principal), sendo o Munich o malte mais escuro de base. Assim que a maltagem do grão ocorre, ele pode ser torrado para produzir níveis diferentes de doçura e cor.

Os grãos de malte devem ser moídos para fins cervejeiros, mas você pode comprá-los inteiros se quiser dar mais tempo à sua produção. O malte-base mais comum é o pale, ou, no caso da lager, o malte pale lager, que é doce. Em contrapartida, o malte cristal usado na produção das bitters inglesas é ligeiramente torrado para produzir um sabor doce, de bala toffee, e uma cor mais amarronzada.

A maior parte dos cervejeiros, comerciais ou não, usa malte pale como o principal ingrediente da sua receita. Esta é constituída de uma soma de maltes, grãos e adjuntos. A combinação determinará a cor, o sabor de malte e o teor alcoólico da cerveja.

Outra regra de ouro é que cerca de 90% de um mosto será malte pale – daí porque muitas vezes ele é chamado de "malte-base"–, com apenas 10% de maltes especiais e adjuntos adicionados para a variação de cor ou de sabor.

A escala de cor dos maltes é avaliada pelos padrões dos sistemas Standard Reference Method (SRM), Lovibond (°L), American Society of Brewing Chemists (ASBC) ou European Brewery Convention (EBC). Embora o SRM e ASBC sejam americanos e o EBC europeu, os três são usados no mundo todo. (Para um exemplo de tabela de cor, veja a p. 20.)

Os maltes corantes são similares aos maltes-base, mas passaram mais tempo na secagem, o que lhes confere uma cor mais escura e um caráter mais distinto. Exemplos de maltes corantes incluem malte âmbar (60-100 EBC) e malte black (1400-1600 EBC).

Malte

SRM/LOVIBOND	EXEMPLO	COR DA CERVEJA	EBC
2	Pale lager		4
3	Pilsener		6
4/3,5			8
6/5			12
8/6,5	Weissbier		16
10/8	Pale ale		20
13/10			26
17/13	Dark lager		33
20/15			39
24/18			47
29/22	Porter		57
35/26			69
40/30	Stout		79
70/52	Imperial stout		138

Seleção de maltes

Somente a melhor cevada é usada para a maltagem. Uma vez maltada, a cevada ainda deve ter gosto e aroma doces, além de flutuar na água. O malte é torrado claro ou escuro, embora o encontremos à venda sob várias descrições e nomes, como na tabela ao lado. Não tenha medo de pedir conselho ao seu fornecedor se estiver em dúvida sobre o melhor malte para usar em uma determinada cerveja. Entretanto, não se esqueça de que a força da cerveja é conferida pelo malte pale ale (isto é, o malte-base), porque este dá o melhor rendimento. Os maltes cristal e/ou caramelo acrescentam densidade e consistência a cervejas mais doces, os maltes âmbar e marrom têm um efeito semelhante, mas, sendo ligeiramente mais escuros, resultarão em um final mais sedoso e em uma cor mais forte. O malte black é bem torrado, transmitindo um sabor intenso que é particularmente bom para stouts e porters. Finalmente, a cevada torrada, embora não tão intensa quanto o malte black, é necessária para produzir um final seco para dry stouts e outras cervejas.

MALTE PALE ALE é seco em temperaturas programadas para preservar no grão todas as enzimas para cerveja. Graças à redução do custo da secagem, é o malte mais barato e popular (com exceção do malte Pilsen).

MALTE MILD é principalmente derivado da cevada Triumph e usado na Europa para malte Pilsen, e também para milds no Reino Unido. É seco em temperatura ligeiramente mais quente do que o malte pale ale, para um sabor mais cheio e doce.

MALTE ACIDIFICADO contém ácido lático, que diminui o pH do mosto, criando o mesmo efeito da adição de gipsita, mas é mais suave ao paladar. Usado normalmente para lagers superiores.

MALTE PILSEN é seco lentamente em temperaturas baixas e depois torrado a 80°C. É bem claro, com forte sabor doce e alto conteúdo de enzimas, o que faz dele um bom malte-base. Adicionado frequentemente a cervejas claras por seu sabor e alto rendimento.

MALTE VIENNA é seco em temperaturas mais altas que o Pilsen, ficando assim mais forte e mais aromático. Também empregado como malte-base, acrescenta cor e sabor às cervejas dos tipos Vienna e Märzen.

MALTE MUNICH é mais escuro e mais saboroso do que o Vienna. Tem alto conteúdo de enzimas apesar de sua alta temperatura de secagem; é ingrediente essencial para as cervejas bock alemãs.

MALTE MELANOIDINA de Bamberg, na Alemanha, bem saboroso e aromático, é ligeiramente mais claro do que o malte cristal. Usa-se para fazer cervejas medianamente escuras, em particular do estilo Munich.

MALTE CRISTAL é uma variedade inglesa. Pode ser claro ou escuro, mas, entre 150-160 EBC, confere um sabor forte, de nozes e caramelo, intensificando o sabor da cerveja.

MALTE MEL assemelha-se ao malte cristal, mas é mais suave ao paladar por ser um pouco menos torrado.

TABELA DE MALTES

Aqui aparecem os diversos nomes para um mesmo malte ou adjunto, indicados em cada linha. Assim, na primeira linha, por exemplo, o malte 2-row pale pode ser encontrado também com as denominações Pilsen e Lager, e assim por diante. Os nomes variam de acordo com o fabricante.

2-row pale	Pilsen	Lager			
Pale ale	Maris Otter	Pearl			
Malte stout	Halcyon				
Ashburne	Mild ale	Vienna	Aromatic		
Bonlander	Munich	Munich I			
Vienna					
Munich 10	Munich	Munich II	Dark Munich		
Dextrine	Carafoam				
Victory	Amber	Melanoidina	Biscuit	Kiln Amber	
Crystal 10	Caramalt	Carapils	Caramalt	Carahell	Light caramel
Crystal 20	Carared	Caravienne	Caramel Vienna		
Crystal 30	Pale crystal	Caramunich I	Carastan	Caramel amber	
Crystal 40	Crystal malt 40–50	Caramunich II	Carastan	Medium caramel	Caramel Munich 40
Crystal 60	Crystal malt 60–70	Caramunich III	Caramunich	Dark caramel	Caramel Munich 60
Crystal 80	Dark crystal malt 85–95	Crystal malt	Dark caramunich		
Crystal 90	Dark crystal				
Crystal 120	Dark crystal	Dark crystal II (118–124)	Cararoama	Special B	Caramel Munich 120
Special roast	Carabrown	Kiln Amber			
Extra special	Kiln coffee				
Pale chocolate	Carafa I				
Chocolate	Carafa II				
Black patent	Carafa III	Malte black	Malte torrado	Kiln black	
Cevada torrada	Malte black				
Trigo torrado	Chocolate wheat				
Trigo					
Trigo escuro					
Crystal wheat	Carawheat	Caramel wheat			
Centeio torrado					
Malte de centeio					
Caramel rye malt					
Aveia em flocos					
Malte peated	Malte defumado				

Observações do editor brasileiro
- Embora alguns maltes não possam ser encontrados no Brasil, foram mantidos na tabela, o que ajuda na hora de adaptar uma receita estrangeira por aqui.
- As equivalências dos maltes podem sofrer pequenas alterações de acordo com o fabricante.
- Números como 10, 20 e 30 referem-se ao Lovibond, que é uma escala de cor dos maltes.

MALTE STOUT é muito claro, apesar do nome. A cor da stout vem do malte torrado e da cevada normalmente torrada, não maltada.

MALTE ÂMBAR é uma forma torrada do malte pale, utilizado com outros maltes por seu baixo conteúdo de enzimas. Deve ser usado para ales marrons inglesas e ales suaves de estilo old.

MALTE DEFUMADO origina-se da Alemanha e é popular na produção de Alt/Rauchbiers. Costuma ser defumado com faia ou, na versão escocesa, sobre turfa. É potente, por isso use-o com parcimônia.

MALTE MARROM, não muito diferente do malte defumado, é usado em ales escuras.

MALTE CAFÉ atribui um peculiar aroma de café, como o nome sugere, por isso cuidado com a quantidade que for usar.

MALTE BLACK é seco em temperatura bem alta, ficando sem enzimas e com menos amido, e portanto com pouco extrato fermentável. Bem amargo, é usado tanto pelo sabor como pela cor em cervejas escuras.

MALTE CHOCOLATE é semelhante ao malte black, porém mais suave. De sabor mais defumado do que amargo, não tem conteúdo enzimático e é usado com cevada torrada e não maltada em cervejas escuras.

Adjuntos

São os grãos usados no grist [os maltes moídos] que não derivam da cevada maltada. Às vezes, são empregados grãos não maltados, mas precisam de brassagem por mais de 90 minutos para se extrair os açúcares necessários.

CEVADA TORRADA dá à stout sua essência queimada, amarga e seu tom preto-avermelhado. Fica entre 1600-1700 EBC – assim, como você pode imaginar, deve ser usada com parcimônia para não sobrecarregar o sabor da cerveja.

CEVADA PRETA é torrada num grau mais alto do que a cevada torrada, gerando um sabor queimado mais forte e cor mais escura.

CEVADA EM FLOCOS oferece sabor granuloso e ajuda na retenção do colarinho. Pode ser usada em grandes quantidades para cervejas amargas e escuras, mas às vezes causa turbidez em estilos claros.

Maltes de trigo

Quando flocado, o trigo provoca a turbidez proteica característica nas cervejas Wheat/Weiss e é usado também nas de estilo inglês para a retenção de colarinho, nas quais pode constituir 50% dos ingredientes do mosto. O trigo torrado serve para reter uma espuma mais firme e cremosa.

MILHO EM FLOCOS OU TORRADO é usado comumente pelos ingleses para clarear a cor sem alterar muito o gosto; pense na Stella Artois.

CENTEIO confere a secura bem picante associada à alemã Roggenbier. Como o trigo, o centeio não tem casca grossa e é difícil para maltar, por isso não forma uma cama de filtro no mosto.

SORGO E PAINÇO são grãos que não contêm glúten, comuns na produção de cervejas africanas e indianas, gerando variedades escuras e turvas próprias para os alérgicos a glúten. Não tenho nenhuma receita de cerveja associada a esses grãos, como Chhaang, Pomba ou Namibian Oshikundu – assim, se achar alguma, por favor, passe adiante!

ARROZ E MILHO são usados frequentemente como substitutos para o grão maltado pelos cervejeiros comerciais. Têm pouco sabor, mas constituem uma forma bem barata de substituir o malte ou açúcar, aumentando a potência da cerveja, mas não o corpo. Essa "diluição" foi lançada pelos gigantes da indústria cervejeira americana para criar um estilo lager diametralmente oposto ao da Alemanha e ao da República Tcheca.

TRIGO-SARRACENO E QUINOA não são grãos, mas contêm níveis suficientemente altos de proteína e amido sem glúten para poderem produzir cerveja destinada aos que sofrem de doença celíaca.

MALTE WEYERMANN DE BAMBERG oferece uma série de fantásticos maltes, assim como de orgânicos.

Açúcar

Isso idealmente deveria estar na seção de adjuntos, mas, como todos os aspectos da produção de cerveja, pode gerar uma longa tese. Como não pretendemos chegar a esse ponto, vamos nos limitar a alguns parágrafos.

Diferentemente dos amidos complexos do malte, que precisam ser quebrados em formas mais simples através da maltagem e da brassagem, os açúcares como o demerara vêm praticamente prontos. Podem ser adicionados tanto à fervura quanto à fermentação. O quanto usar dependerá do conteúdo de álcool e da

Açúcar para cerveja

Lúpulos

complexidade que se deseja. Adicione muito e pode obter a secura da sidra ou de champanhe ou de cerveja com pouco equilíbrio – portanto, cuidado.

Basicamente – exceto em circunstâncias extremas –, não adicione mais do que 20% de açúcar adjunto além do açúcar maltado que extraiu do grão. Se desejar uma cerveja com teor alcoólico acima de 10%, então acrescente açúcar à fermentação. Também verifique as especificações da levedura para ter certeza de que ela não será superada pelo adjunto, deixando de fermentar a cerveja adequadamente. Quanto mais tarde o açúcar for adicionado, mais aroma e sabor serão introduzidos na cerveja. Ao acrescentar o açúcar para a fermentação, dissolva-o em água quente para esterilizá-lo, depois deixe esfriar até 27°C antes de adicioná-lo à cerveja em fermentação. Mais ou menos 500 g de açúcar acrescentarão cerca de dez pontos à densidade original.

Você pode usar os seguintes açúcares: açúcar puro de cana, açúcar demerara, açúcar-cândi belga âmbar, açúcar mascavo escuro, açúcar-cândi belga claro e açúcar mascavo claro.

Lúpulos

O lúpulo contrabalança a doçura do malte. Há três tipos principais: lúpulo de amargor (adicionado no início da fervura), lúpulo de aroma (adicionado no fim da fervura) e, é claro, lúpulo com dupla finalidade. Além disso, o lúpulo age como um ótimo preservante natural. A combinação de altas proporções de lúpulo com alto teor alcoólico criou um efeito antibiótico que garantiu a sobrevivência das primeiras IPAs em sua longa viagem da Inglaterra para a Índia. No Reino Unido, há cerca de dezoito variedades nativas de lúpulo.

O lúpulo ou *Humulus lupulus* (para usar seu nome botânico) é uma vigorosa herbácea trepadeira perene que atinge até 5,4 m. Os cones femininos são os mais usados. É a mais resinosa das plantas aparentadas com o cânhamo. As resinas se compõem de dois ácidos principais: alfa e beta. O ácido alfa dá sabor, e o beta, aroma. Os lúpulos ricos em ácidos beta devem preferivelmente ser introduzidos perto do fim da fervura, pois a oxidação excessiva pode resultar em sabores indesejados semelhantes a vegetal estragado ou milho cozido. Os lúpulos com dupla finalidade têm ácido alfa suficiente para o amargor, mas também óleos essenciais suficientes para garantir sabor e aroma. Para aumentar o sabor, adicione mais lúpulo perto do fim da fervura. Lúpulos nobres são, na prática, aqueles que provêm de apelação/designação: Hallertau, Saaz, Spalt e Tettnang. As lagers contêm tradicionalmente esses lúpulos. As ales inglesas, por sua vez, usam Fuggle, Golding, Target, Pioneer ou Progress. As variedades mais populares do Novo Mundo entre os cervejeiros artesanais incluem Cascade, Citra, Chinook, Columbia, Mount Hood, Nelson Sauvin e Willamette.

O fornecimento de lúpulo pode ser errático, uma vez que os ácidos alfa e a safra variam de ano para ano. Se não conseguir um determinado tipo ou a mesma porcentagem de AA (alfa-ácido), tenha calma; substitua-o por um volume maior ou por uma variedade diferente. Happy Hops, Get Hoppy e Brew Target são bons aplicativos de software que lhe poupam o esforço de calcular, apesar de não ser complicado; de qualquer modo, aí está a equação para o cálculo:

Peso do lúpulo substituto =
peso da receita x AA% da receita
dividido pelo AA do lúpulo substituto

Mostos de alta qualidade tendem a destacar menos o amargor, por isso talvez você precise aumentar a quantidade de lúpulo. Uma orientação aproximada é usar 10% mais de lúpulo de fervura para cada dez pontos da densidade original sobre 1060.

Como você vai perceber nas receitas, há infinitos modos de incluir mais lúpulos, mesmo depois de o mosto ter fervido. Essa ação, em que se usa lúpulo em pellet ou folha inteira de lúpulo, é chamada de dry hopping, porque a fermentação diminui ou cessa durante a trasfega.

Óleos derivados do lúpulo também podem ser adicionados na proporção de cerca de 50 mg por 23 litros, para reforçar significativamente o perfil do lúpulo, embora muitos cervejeiros censurem essa prática. Por tradição, os cervejeiros usariam um lúpulo de amargor, possivelmente dois, e um lúpulo de aroma. Hoje, como você verá, alguns cervejeiros estão usando seis ou mais lúpulos de amargor, com a adição de mais lúpulos para o sabor no meio do processo e inúmeros mix de lúpulos beta e de dupla finalidade no final da fervura. Não existem limites para as mudanças no que antes era aceito como um princípio.

Assim que formar o estoque de lúpulos, guarde-os no freezer. Não compre lúpulo em saco transparente, mas embalado em papel-alumínio para assegurar o frescor. A luz ultravioleta prejudica os óleos do lúpulo, e por isso são usadas garrafas marrons para armazenar a cerveja. (Veja nas pp. 30-1 uma tabela resumida de lúpulos e suas descrições, origens e tipos, assim como a sugestão para substitutos.)

Leveduras

Comparadas aos outros ingredientes principais da cerveja, as leveduras são frequentemente colocadas em segundo plano, talvez porque muitos não saibam que a escolha delas irá alterar consideravelmente o perfil de sabor. Entretanto, a verdade é outra (embora eu mesmo já tenha cometido esse erro). Recentemente comparei a um evento realizado por Charles Faram e Wye Hops Ltd. (e patrocinado pela Associação Nacional do Lúpulo da Inglaterra), em que a mesma receita de ale foi feita usando quatro tipos diferentes de levedura da Fermentis (fornecedora comercial de leveduras). O impacto resultante na variação de sabor foi chocante, particularmente a receita que usou a T-58: ela conferiu notas muito fortes, picantes, frutadas e amadeiradas para uma ale, a partir de uma levedura normalmente associada com stouts e barley wines.

Como cervejeiro, é possível influenciar a cerveja ainda no estágio de fermentação, dependendo da

Levedura

levedura escolhida, do modo como foi reidratada e inoculada e da temperatura em que isso foi feito (e se está sendo usado um starter fresco ou uma reinoculação). Ao escolher a levedura, sempre leve em consideração o teor alcoólico. Níveis altos de álcool são tóxicos para a levedura e podem matá-la, impedindo outra fermentação. As cervejas fortes precisam de uma levedura com boa atenuação aparente (AA), que é a expressão chique para designar a quantidade mensurável de açúcares que uma levedura é capaz de comer. A levedura média atenuará 65-75% do açúcar suspenso no líquido. Uma solução é inocular mais ou outro tipo de levedura quando a fermentação começar a ficar vagarosa, o que ajuda a fermentar níveis de açúcar mais altos do que a média. Um exemplo seria começar com uma levedura de ale para a primeira metade da fermentação e depois inocular uma levedura de champanhe ou vinho quando estiver a meio caminho para a densidade final desejada. Desse modo, a cerveja irá reter mais características de ale do que a secura associada com o vinho e a sidra.

Qualquer que seja a levedura escolhida, prepare-a com antecedência – o mosto frio fica com alto risco de infecção e é melhor não deixá-lo à toa esperando para estragar. (Veja a p. 30 para uma orientação mais completa sobre os tipos de leveduras e como usá-las, além do modo de cultivá-las pessoalmente.)

Se desejar clonar ou reproduzir uma cerveja favorita (p. 33), cultive a cepa individual da cerveja por meio de uma garrafa da variedade ou do barril de um bar. Leveduras desidratadas costumam ser malvistas porque recolhem leveduras selvagens quando passam pelo processo de desidratação, mas os progressos tecnológicos indicam que isso deixará de ser problema.

Adoro leveduras da Wyeast, especialmente as que vêm com um "ativador". São mais caras, mas muito práticas, e oferecem uma ótima seleção de cepas.

Frutas, ervas e outras coisas

Você já dominou os princípios tradicionais, produz uma cerveja de respeito, está à vontade com as trocas, familiarizado com os diversos estilos e conhece seu paladar. Agora é hora de ignorar as convenções e começar a ser criativo na escolha de ingredientes adicionais. As possibilidades são infinitas, de mudanças sutis, como uma bock usando capim-limão ou galanga, até uma Hefeweizen com laranja-sanguínea ou zimbro.

A sabedoria convencional tem restrições, o que vai travá-lo. Sim, a Black IPA não é estritamente uma Indian Pale Ale, mas, adicionando maltes mais escuros ao grist, alguns cervejeiros (como os da Windsor & Eton Brewery, na Inglaterra) estão desafiando a tradição e colocando o assunto em pauta. Pode não servir para um paladar purista, mas qualquer coisa que gere mais conversas relacionadas a cerveja, pubs e comunidade cervejeira é boa para mim. Pergunte a si mesmo: os mesmos críticos da Black IPA lamentaram as proporções agressivas de lupulização das IPAS originais ou choram pelas Double IPAs americanas? Você não precisa ser excêntrico para alterar a dinâmica de uma receita. Ao mesmo tempo, testar-se não só vai melhorar seu conhecimento de como e quando certos ingredientes influenciarão o resultado final, mas também o levará a um nirvana.

Raspa de laranja para cerveja

Lembre-se de que usar frutas, flores e ervas não é novidade. Historicamente, as cervejas eram condimentadas com qualquer coisa que estivesse à mão, muito tempo antes do emprego do lúpulo. A Williams Bros, de Alloa, na Escócia, tem trilhado esse caminho desde 1993. Depois de pesquisar algumas receitas indígenas históricas, criou preciosidades esotéricas, como Fraoch Heather Ale e Kelpie Seaweed Ale. De modo semelhante, cervejeiros jovens e emergentes continuam a experimentar. Alguns se destacam no Reino Unido, como Brodies, Dark Star, Downton, Kernel, Saltaire e Thornbridge.

Algumas ervas, flores e temperos

Açafrão
Amora
Cacau
Café moído
Canela
Capim-limão
Cardamomo
Camomila
Cereja
Coentro
Cravo
Erva-cidreira
Figo
Flor de hibisco
Flor de sabugueiro
Framboesa
Gengibre
Laranja-amarga
Laranja-sanguínea
Lavanda
Noz-moscada
Maracujá
Morango
Pêssego
Pimenta
Raspas de chocolate
Raspas de frutas cítricas
Rosa-mosqueta
Salsaparrilha
Sementes de erva-doce
Urze
Zimbro

CHIPS DE MADEIRA O efeito que os chips exercem no sabor já é conhecido pela indústria cervejeira há anos. Eles podem conferir um sabor característico desejável que não é encontrado nas cervejas feitas pelos métodos normais. Idealmente, devem ser de carvalho, tostados, e podem ser mergulhados em uísque, conhaque ou outra bebida que você queira arriscar. É preciso deixá--los de molho no mínimo duas semanas antes do preparo da cerveja. Adicione-os diretamente ao mosto quente e depois remova-os com os sedimentos.

INTRODUÇÃO

O método básico

Produzir cerveja a partir do mosto completo exige cuidados e a habilidade que vem com tempo e paciência. Usando o método com os grãos, você talvez produza a melhor cerveja que já provou.

O mosto

1 Aqueça 20 litros de água a 42-45°C no caldeirão de fervura.

2 Pese o malte e os outros ingredientes da brassagem para colocar no caldeirão.

3 Use uma jarra medidora grande para retirar 10 litros da água do caldeirão de fervura e despejá-los na cuba de brassagem. [Esse método raramente é utilizado por cervejeiros brasileiros, que normalmente aquecem primeiro a água e no mesmo caldeirão fazem o processo de brassagem.]

4 Use o termômetro para verificar se a temperatura da água está entre 62-65°C. Acrescente água quente ou fria para ajustar a temperatura, se necessário.

5 Após adicionar os grãos, e enquanto a temperatura não atinge 62-65°C, misture tudo delicadamente, desfazendo os grumos, até obter uma consistência de mingau.

6 Atingida a temperatura de 62-65°C, deixe descansar, tapado, por 60–90 minutos (veja em cada receita o tempo de brassagem).

7 Escoe o mosto lentamente na jarra medidora. Despeje de volta no caldeirão e repita essa operação algumas vezes para filtrar bem o mosto.

A lavagem dos grãos

8 Despeje no mosto água preaquecida, a 75-80ºC, usando um regador. Ou use uma pequena jarra e uma escumadeira para obter o mesmo efeito.

9 Siga lentamente, sem deixar a água acumular sobre os grãos. Enquanto despeja, abra a torneira do caldeirão e deixe que todo o mosto escorra para outro recipiente (use um balde-fermentador ou uma panela). Deixe a água despejada penetrar totalmente antes de acrescentar a próxima leva. Repita a operação até obter a quantidade de mosto necessária para a fervura. Lembre-se: você vai precisar da mesma quantidade de água que a usada para o mosto.

A fervura

10 Se usou um balde para recolher o mosto, passe-o para um caldeirão. Coloque esse caldeirão no fogo e aumente a chama até atingir a fervura.

11 Despeje os lúpulos de amargor (p. 24) e mexa tão firme quanto quiser. Não se esqueça de aspirar esse aroma. Conserve em fervura borbulhante por 1 hora ou mais.

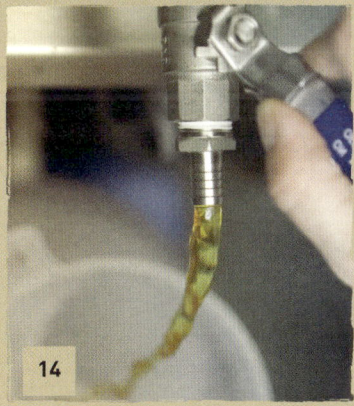

12 Acrescente os clarificantes (normalmente 5 minutos antes do fim da fervura) para deixar a cerveja "brilhante", de acordo com as instruções do fabricante. Os cervejeiros usam whirlfloc, que, ao agir como ímã para atrair para o fundo as partículas que criam turbidez, deixa a cerveja "brilhante" e clara. Irish Moss, que deriva de algas, é outro clarificante comum, e Protofloc, a marca mais popular. Alguns cervejeiros usam também gelatina. Todos esses clarificantes são encontrados on-line ou em lojas especializadas.

13 Os lúpulos de aroma deverão ser adicionados entre 5-10 minutos antes do fim da fervura.

14 Resfrie o mosto, no caldeirão, até cerca de 20°C. Isso pode ser feito em uma bacia grande, cheia de água com gelo ou com um chiller comprado em loja especializada.

A fermentação

15 Use um recipiente esterilizado para misturar a levedura com um pouco de água fervida ou mosto, pronta para ser inoculada no fermentador.

16 Quando o mosto estiver a cerca de 20°C, inocule a levedura para fermentar. Qualquer que seja a levedura, é vital usá-la bem para evitar contaminações, por isso dê uma boa agitada no mosto ou mexa-o para introduzir oxigênio na cerveja e ajudar a levedura a consumir aqueles açúcares tão importantes para a cerveja.

17 Idealmente, verifique a densidade original do mosto com um densímetro a 20°C. Ele é calibrado nessa temperatura, por isso veja se está marcando 20°C.

18 Agora cubra o fermentador com a tampa e vede com a válvula airlock esterilizados e guarde em temperatura de 18-20°C para assegurar uma fermentação adequada.

19 Depois de 3–5 dias, verifique e registre a densidade original com o densímetro. Para isso, despeje parte do mosto em uma proveta. Você também pode utilizar um aparelho chamado refratômetro para isso, sem gastar tanto mosto. Isso vai ajudar a perceber se o processo não está indo de acordo com o planejado. Alternativamente, quando a densidade permanecer estática por dois dias consecutivos, o que acontece com frequência, essa será a densidade final. Excelente!

15

O MÉTODO BÁSICO

Como usar as receitas deste livro

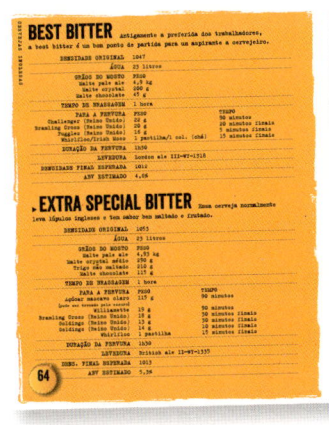

DENSIDADE ORIGINAL	1047	
	(Referência à densidade do mosto antes da fermentação)	
ÁGUA	23 litros	
	(A quantidade de água necessária para a brassagem e a lavagem)	
GRÃOS DO MOSTO	PESO	
Malte pale ale	4,9 kg	
Malte cristal	200 g	
Malte chocolate	45 g	
	(A quantidade de grãos necessária para a brassagem)	
TEMPO DE BRASSAGEM	1 hora	
	(O tempo necessário para deixar a mistura de grãos no caldeirão de brassagem)	
PARA A FERVURA	PESO	TEMPO
Challenger	22 g	90 minutos
Bramling Cross	20 g	20 minutos finais
Fuggles	16 g	5 minutos finais
Whirlfloc/Irish Moss	1 pastilha/1 col.(chá)	15 minutos finais
	(Fornece a lista de lúpulos, adjuntos, se houver, e clarificantes necessários para ferver com o mosto cervejeiro)	
DURAÇÃO DA FERVURA	1h30	
	(O tempo necessário para ferver o lúpulo e outros ingredientes no mosto cervejeiro)	
LEVEDURA	London ale yeast – WY-1318	
	(Indica o tipo de levedura recomendado para a cerveja em questão)	
DENSIDADE FINAL ESPERADA	1012	
	(Essa é a densidade final depois da fermentação)	
ABV ESTIMADO	4,6%	
	(Indica o teor alcoólico da cerveja)	

Um pouco mais de ciência cervejeira

Embora a produção de cerveja caseira seja essencialmente simples, há uma certa dose de ciência envolvida no processo. Apesar de as explicações científicas poderem parecer aborrecidas, ler esta seção vai lhe dar o conhecimento que tornará a fabricação de cerveja mais interessante.

Água

Antes de começar, vale a pena pedir uma análise completa de alcalinidade em ppm (partes por milhão) ao serviço de fornecimento de água local. Geralmente, o carbonato de cálcio é adicionado para fazer cerveja escura com água mole e para ajudar a equilibrar a acidez natural do grão torrado, enquanto o cloreto de cálcio e o sulfato de cálcio (gipsita) são usados para abaixar o pH, aumentando assim a acidez. A maior parte da água fornecida em residências tem excesso de carbonato e falta de cálcio suficiente para produzir pale ales e cervejas amargas.

Existem inúmeros produtos à venda para corrigir esses problemas. Para a lager, alguns recomendam o uso de solução redutora de cálcio no líquido do mosto com a adição de ácido lático ao caldeirão de brassagem para abaixar o pH. Para os puristas, um malte ácido alemão especial pode ser adicionado aos grãos para que se obtenha o mesmo efeito.

Leveduras – como cultivar e reidratar

A levedura é a forma de vida vegetal mais simples, mas tem pelo menos uma função útil – a formação de álcool. O objetivo principal é assegurar que o mosto cervejeiro seja colonizado rapidamente por células de levedura fortes o suficiente, o que reduz drasticamente o risco de contaminação. Isso posto, é preciso planejar a levedura antes da fabricação da cerveja para garantir um bom começo.

A baixa velocidade de inoculação resulta em fermentação vagarosa, aumentando assim a concorrência das bactérias e leveduras selvagens. Leva também a níveis mais altos de diacetil (subproduto natural da fermentação) e possivelmente à infecção por *Pediococcus*, o que não tem graça nenhuma. A velocidade alta diminui o pH e reduz o crescimento bacteriológico, assim como o de diacetil. Uma palavrinha sobre o diacetil: moderadamente, ele não é prejudicial, e sua presença é relativamente aceitável em algumas cervejas, em especial nas ales mais saborosas. Essa opinião não é unânime em todo o mundo, e alguns cervejeiros consideram-no um entrave às suas cervejas, apesar do sabor positivo que ele às vezes confere à bebida.

O BANCO DE LEVEDURAS

O Brewing Industry Research Center, em Nutfield, Surrey, atua como o banco de leveduras do Reino Unido. É isso mesmo – todos os cervejeiros comerciais depositam suas cepas ali para guardá-las e para a posteridade. Foi assim que a Westerham Brewery foi capaz de obter a levedura original da Black Eagle Brewery, que não tinha sido usada desde seu fechamento em 1965.

QUADRO DE LÚPULOS

Nome	Variação AA	Substituições
Admiral (Reino Unido)	13,5-16%	Target, Northdown, Challenger
Ahtanum (EUA)	7-9%	Cascade, Amarillo
Amarillo Gold (EUA)	6-9%	Cascade, Centennial
Apollo (EUA)	18-22%	Centennial, Columbus, Amarillo
Blitzen (Alemanha)	11-15%	Horizon, Magnum
Bravo (EUA)	14-17%	Nugget
Brewer's Gold (Reino Unido)	6-8%	N. Brewer, Galena, Eroica,
Bullion (Reino Unido)	6-9%	German Chinook, Eroica, Brewer's Gold
Cascade (EUA)	4,5-7%	Centennial, Amarillo, Columbus
Centennial (EUA)	9-12%	Galena, Cascade, Columbus
Challenger (Reino Unido)	6,5-8,5%	Perle, N. Brewer
Chinook (EUA)	11-13%	Galena, Columbus, Target
Citra	10-12%	Cascade, Centennial, Ahtanum
Cluster (EUA)	5,5-8,5%	Eroica, Galena
Columbia (Reino Unido)	5,5%	Fuggles, Willamette
Columbus (Tomahawk) (EUA)	10-16%	Centennial, Nugget, Chinook
Crystal (EUA)	2-4,5%	Hersbrucker, Mt. Hood, Liberty
Eroica (EUA)	9-13%	Galena, N. Brewer, Nugget
First Gold (Reino Unido)	6,5-8,5%	ESB East Kent Golding, Crystal
Fuggles (Reino Unido)	4-5,5%	EKG, US Fuggles, Willamette
Fuggles (EUA)	4-5,5%	GB Fuggles, Willamette
Galena (EUA)	10-14%	Eroica, N. Brewer, Cluster, Chinook, Nugget
Glacier (EUA)	5-9%	Willamette, Fuggles, Goldings,
Goldings, East Kent (EKG) (RU)	4-6%	Fuggles, US Golding
Goldings (EUA)	4-6%	EKG, Fuggles, Whitbread, Progress
Green Bullet (N. Zelândia)	13,5%	Styrian Golding
Hallertauer (Alemanha)	3-5%	Crystal, Liberty, Mittelfrueh
Hallertauer (EUA)	3,5-5,5%	Liberty, Ultra, Hallertauer (ALE)
Hallertauer, Hersbrucker (Ale)	1,5-5,5%	Mt. Hood, Liberty, Mittelfrueh
Hallertauer, Mittelfrueh (Ale)	3-5,5%	Hallertauer, Mt. Hood, Liberty
Hallertauer (N. Zelândia)	8,5%	Hallertauer, Mittelfrueh
Herald (Reino Unido)	12%	Qualquer lúpulo inglês com alta porcentagem de alfa-ácido
Horizon (EUA)	11-14%	Magnum
Liberty (EUA)	3-6%	Mittlefrueh, Mt. Hood, Crystal
Lubliner (Polônia)	3-5%	Saaz, Tettnanger
Magnum (Alemanha)	13-15%	Horizon
Magnum (EUA)	13-15%	Willamette, Fuggles, EKG.
Mt. Hood (EUA)	3-8%	Hersbrucker, Liberty, Crystal
Mt. Rainier (EUA)	6-8%	Hallertauer, Fuggles
Nelson Sauvin (N. Zelândia)	11-13%	N/A
Newport (EUA)	11,5-17%	Galena, Nugget, Fuggles, Magnum, Brewer's Gold
Northdown (Reino Unido)	7,5-9,5%	N. Brewer
Northern Brewer (Alemanha)	8-10%	Hallertauer, Mittelfrueh, Nugget
Nugget (EUA)	9-13%	Columbus, Target, Galena
Orion (Alemanha)	7-9%	Perle
Palisade (EUA)	5,5-9,5%	Willamette, Goldings
Perle (Alemanha)	5-9%	Chinook, Galena, N. Brewer
Phoenix (Reino Unido)	4-8%	Challenger, East Kent Golding, Northdown
Pilgrim (Reino Unido)	11-13%	N/A
Pioneer (Reino Unido)	8-10%	East Kent Golding
Pride of Ringwood (Áustria)	7-10%	Cluster, Galena
Premiant (Rep. Tcheca)	7-9%	
Progress (Reino Unido)	6-8%	Fuggles, East Kent Golding
Riwaka (N. Zelândia)	5-7%	Cascade, Centennial
Saaz (Rep. Tcheca)	3-4,5%	Tettnanger, Lublin, Saaz americano
Saaz (EUA)	3-5%	Saaz tcheco, Tettnanger
Santiam (EUA)	5-8%	Tettnanger, Spalt, Select Spalt
Saphir (Alemanha)	4%	N/A
Select Spalt (Alemanha)	4-6%	Spalt, Saaz, Tettnanger
Simcoe (EUA)	12-14%	N/A
Celeia (Eslôvenia)	3-6%	Saaz, Styrian Goldings
Sorachi Ace (Japão)	13-16%	N/A
Sovereign (Reino Unido)	4-6%	N/A
Spalt (Alemanha)	4-6%	Saaz, Tettnanger, Select Spalt
Sterling (EUA)	6-9%	Saaz, Lubliner
Sticklebract (N. Zelândia)	13-15%	N. Brewer
Strisselspalt (França)	2-4%	Mt. Hood Crystal, Hersbrucker
Styrian Aurora (Eslovênia)	7-9%	N. Brewer, Styrian Goldings
Styrian Goldings (Eslovênia)	4-6%	Fuggles, Willamette
Summit (EUA)	17-19%	Simcoe, Amarillo
Sun (EUA)	14%	Qualquer lúpulo americano com alta porcentagem de alfa-ácido
Super Alpha (N. Zelândia)	13%	N/A
Target (Reino Unido)	9,5-12,5%	East Kent Golding, Fuggles, Willamette
Tettnang (Alemanha)	3,5-5,5%	Saaz, Spalt, Tettnanger
Tradition (Alemanha)	5-7%	Mittelfrueh, Liberty, Ultra
Ultra (EUA)	2-4%	Liberty, Hallertauer, Saaz
Vanguard (EUA)	5-7%	Hallertauer Mittelfrueh, Saaz
Warrior (EUA)	14-17%	Nugget
Whitbread Golding Variety (RU)	5-7%	East Kent Golding, Progress
Willamette (EUA)	4-6%	Fuggles, East Kent Golding, Tettnanger, Styrian, Goldings
Yakima Golding (EUA)	5%	East Kent Golding, Progress, Fuggles
Zeus (EUA)	13-17%	Outro lúpulo com alta porcentagem de alfa-ácido

Antes que as células da levedura sigam adiante e se multipliquem, precisam ser reidratadas para repor a água que perderam ao ser desidratadas. Como as leveduras são organismos vivos, a temperatura da reidratação é essencial para uma boa fermentação. O objetivo aqui é reduzir a fase de latência (o tempo necessário para que as leveduras comecem a fermentar os açúcares em álcool depois da inoculação no mosto cervejeiro). Para se alcançar sucesso nessa etapa, deve-se reidratar a levedura em uma temperatura mais alta do que a da fermentação inicial.

As leveduras para as ales de fermentação alta devem ser reidratadas a 25-29°C, e as leveduras das lagers de fermentação baixa, em temperaturas variando entre 21-25°C. Para reidratar levedura seca como a Fermentis, polvilhe-a em água estéril ou mosto com dez vezes o seu peso. Mexa delicadamente e deixe repousar 30 minutos; inocule o creme resultante no fermentador. Lembre-se de agitar (ou mexer) primeiro.

Pale lager

CULTURA A PARTIR DA GARRAFA Há inúmeras leveduras comercializadas, mas, se precisar de uma que não esteja à venda, é possível cultivá-la a partir de uma cerveja condicionada em garrafa. Infelizmente, as cervejas comerciais, em sua maioria, não são apenas filtradas, mas também passam por uma pasteurização-relâmpago antes do engarrafamento, restando pouca ou nenhuma levedura. Entretanto, alguns cervejeiros condicionam suas cervejas na garrafa. Para verificar se uma garrafa é apropriada, levante-a contra a luz e veja se tem sedimentos no fundo.

Lembre-se também de que alguns cervejeiros comerciais às vezes usam duas ou três leveduras diferentes em uma leva de cerveja. Algumas são mais fortes do que outras, e por isso você não será capaz de produzir a mesma cepa de levedura, ainda que a cultive a partir da garrafa. De qualquer modo, apresentamos esse modo de cultivo:

1. Mantenha o equipamento completamente limpo durante o processo. (Mais ainda do que se estivesse fazendo uma leva normal de cerveja.)
2. Faça um mosto com a densidade específica de 1015-1020.
3. Adicione uma pitada de levedura nutritiva ao mosto.
4. Forneça carboidratos, oxigênio e nutrientes à levedura, lembrando-se de alimentá-la (ela é frágil) com pouco mosto de cada vez.
5. Com a garrafa tampada, limpe o gargalo e a tampa com uma solução sanitizante, cuidando para não agitar o sedimento.
6. Jogue fora a cerveja, cuidando ainda para não perturbar o sedimento.
7. Deixe a garrafa aquecer em temperatura ambiente, cobrindo a boca com papel-alumínio sanitizado.
8. Despeje o mosto sobre a levedura dentro da garrafa inclinada (em quantidade suficiente para cobrir o fundo) e gire um pouco. Substitua o papel-alumínio.
9. Reserve por 1-3 dias a 21-32°C de temperatura – no alto do armário da cozinha, fora da luz direta, já será suficiente.
10. Quando aparecerem sinais de fermentação (turbidez ou espuma), transfira o mosto fermentado para uma pequena porção de mosto fresco – aproximadamente 1 colher (sopa).
11. A fim de obter o suficiente para uma leva de 23 litros, você precisará continuar a adicionar o mosto em pequenas etapas até alcançar 1,5 litro. Estará alimentando a levedura, e não a afogando!

CULTURA A PARTIR DE UM BARRIL NÃO ASSENTADO
Idealmente, pegue uma amostra de um barril de cerveja fresco e não assentado. Faça 1 litro de extrato de malte seco (DME), de modo que, ao adicionar meio litro da cerveja, a densidade original seja de aproximadamente 1040. Use um garrafão e um

Quadro de temperatura de fermentação	Temperatura inicial	Temperatura máxima	Temperatura de descanso de diacetil	Temperatura de resfriamento
ALE	18-20°C	21-23°C	Diminuir de 20°C para 16-17°C por 24 horas	1-5°C para ales resfriadas e filtradas 0-12°C para ales de barril
LAGER	12°C	15°C	15°C de 24-48 horas	1-3°C

misturador magnético, e o resultado pode levar alguns dias para ser visto. Não use a cultura da levedura se não conseguir atividade suficiente.

Temperatura durante a fermentação

Em primeiro lugar, sempre consulte as especificações da embalagem ou dos folhetos. Em seguida, lembre-se de que quanto mais quente a temperatura no começo da fermentação, mais rapidamente a fermentação começará, o que também aumentará os níveis dos ésteres (componentes que conferem sabor criados durante a fermentação) e de diacetil. Assim, é importante regular as temperaturas altas, mas tenha em mente que, para a reabsorção do diacetil, talvez precise deixar a temperatura subir no final da fermentação. A absorção do diacetil pela levedura é uma coisa boa (remove o diacetil errante, evitando que circule livremente pela cerveja), assim, de vez em quando, uma ligeira elevação de temperatura pode ser usada no final do processo de fermentação para obter uma boa floculação da levedura (remoção de sedimento do líquido) e melhor absorção de diacetil.

Como oxigenar o mosto

Aerar o mosto esfriado imediatamente antes de inocular é essencial para começar bem a fermentação. Pode-se obtê-lo por agitação (ou mexendo), aeração, ou injeção direta de oxigênio. Não importa o método, é crucial manter a boa higienização o tempo todo. É recomendável o uso de uma bomba d'água com filtros para limpar o ar que está passando. Aeração depois da inoculação só deve ser feita nas doze primeiras horas, porque adicionar oxigênio durante a fermentação tardia aumentará os níveis de aldeído e ampliará o diacetil.

Réplicas de cerveja

Sem querer desmerecer os esforços de outros que escreveram extensivamente sobre o assunto, digo que você não será capaz de reproduzir exatamente uma cerveja. Não dá para saber todas as técnicas usadas pelo cervejeiro quando projetou uma cerveja, ou todos os ingredientes e variações do mosto. Você também estará usando um equipamento muito diferente. Muitos cervejeiros empregam um tipo de levedura para sua cerveja em garrafa e outro para barril ou minikeg, não só para tornar difícil a reprodução como também para assegurar a conservação na garrafa.

Mas é possível chegar perto e se divertir com a tentativa. Não se esqueça de que muitas receitas do mesmo estilo às vezes só variam, aqui ou ali, cerca de 56 g nos ingredientes. Os grãos são predominantemente os mesmos.

A pesquisa é a chave da criação de uma cópia confiável. Compre uma garrafa ou lata e verifique o rótulo e o site dos cervejeiros para dicas, assim como para os tipos de lúpulos e grãos usados. Todos lhe dirão o ABV (álcool por volume), e alguns, a OG (densidade original). Quando tiver todas essas informações, compare-as com a tabela EBC (p. 20). Agora pode fazer uso da melhor trapaça que um homem já empregou não em interesse próprio, mas para o bem dos outros cervejeiros – os serviços do excelente programa "Beer Engine", de Graham Wheeler, cujo download é gratuito. Simplesmente insira todos os ingredientes, o ABV, as IBU (International Bittering Units) estimadas e a EBC (European Brewing Convention), e o programa lhe dará o peso necessário de grãos e de lúpulo. Fácil, mas não tanto – você ainda precisa ajustar e corrigir a receita depois de fazer a cerveja para torná-la uma cópia aceitável. Adicione açúcares, diminua o lúpulo, ponha menos grãos, acrescente o adjunto escolhido para a retenção de espuma; vá experimentando até acertar.

Para converter SRM (Standard Research Method) para EBC:
EBC = SRM x 1,97

Para converter EBC para SRM:
SRM = EBC × 0,508

Solução de problemas

POR QUE MINHA CERVEJA FICA SEM ESPUMA?
Carbonatar cerveja naturalmente usando levedura ativa pode ser complicado e custar algumas tentativas para conseguir um colarinho a seu gosto. Se a cerveja ficar "choca", tente usar alguns gramas a mais de açúcar de priming ou adicione 28 g de flocos de trigo ao mosto.

POR QUE MINHA CERVEJA FICA RALA E AGUADA?
Isso demonstra que não foram produzidas proteínas suficientes no mosto (as proteínas dão corpo à cerveja). Tente usar 28-56 g de trigo rico em proteínas, e então faça a brassagem mais quente e mais curta para obter um mosto bem mais forte.

POR QUE MINHA CERVEJA FICA ESPESSA E SEMELHANTE A GELATINA?
Jogue-a fora! Ela está muito contaminada. As bactérias *Accetobater* e *Pediococcus* estão presentes e produziram uma gosma polissacarídea. Leia de novo a seção de sanitização e higienize melhor.

É SEGURO BEBER A CERVEJA SE ELA ESTIVER COM CHEIRO DE MEIA VELHA/QUEIJO?
Eu não a beberia se me fosse oferecida. Embora não faça mal, o gosto é ruim. Isso aconteceu porque foi usado lúpulo velho. O lúpulo deve ter cheiro forte e fresco, não de coisa velha ou bolorenta. A solução é acondicionar os lúpulos em recipientes herméticos ou mesmo congelar sobras para a próxima produção.

POR QUE MINHA CERVEJA ESTÁ TURVA?
Isso não atrapalha o gosto, mas esteticamente não é agradável depois de tanto trabalho. A cerveja ficou assim porque as proteínas não assentaram e entraram em suspensão durante o processo de resfriamento. Isso pode também ter acontecido por excesso de priming nas garrafas. Outra razão é que o malte usado estava mofado. Assim, reveja a sanitização, garanta que o malte não esteja vencido e veja se não está fazendo priming excessivo nas garrafas.

POR QUE MINHA CERVEJA ESTÁ CHEIRANDO A OVO PODRE?
Podem ser duas coisas: houve contaminação ou o processo de produção foi muito demorado (especialmente se for uma lager). Para resolver isso, conserve-a (se for lager) por mais uma semana e veja se o cheiro desaparece. Caso contrário, é porque existe uma infecção por sanitização insuficiente. Nesse caso, jogue-a fora.

POR QUE MINHA CERVEJA CHEIRA A CELEIRO?
As moléculas do lúpulo foram atingidas por certas ondas de luz, que as quebraram. Os pedaços combinaram com sulfeto de hidrogênio para produzir esse cheiro terrível. A cerveja deve ser engarrafada em vidro marrom e guardada longe da luz.

POR QUE MINHA CERVEJA ESPUMA DEMAIS QUANDO ABRO A GARRAFA?
É um sinal clássico de que a produção foi infectada por uma levedura selvagem. Entretanto, se não houver vestígio da acidez normal associada à levedura selvagem, você pode apenas ter se excedido no priming nas garrafas. Tome cuidados extras na sanitização ou, se for o outro caso, modere o nível de açúcar usado no priming. Sugiro também que verifique se o malte não está mofado.

DIVIRTA-SE!
Se estiver aborrecido com as cervejas comerciais, então a produção caseira é uma opção. Não desista se não for bem-sucedido em sua primeira tentativa. Lembre-se: a prática leva à perfeição. Você estará em boa companhia nos círculos dos cervejeiros caseiros, por isso, mãos à obra!

35

FIQUE SABENDO

Antigamente os mosteiros faziam sua própria cerveja para os monges e para os visitantes. Hoje, apenas poucos a produzem, embora cervejeiros comerciais fabriquem cervejas com ligações monásticas.

CAPÍTULO 1
CERVEJAS BELGAS

PATERSBIER

É um tipo de cerveja trapista, que, como diz o nome, origina-se de um mosteiro cisterciense em La Trappe, Soligny, na França. Embora os monges trapistas estivessem presos ao mais estrito ascetismo, tinham permissão para produzir cerveja. Patersbier ou "cerveja do pai" é uma variedade que inicialmente se destinava só aos próprios monges. Todas as cervejas trapistas são ales, de alta fermentação e condicionadas em garrafas.

DENSIDADE ORIGINAL	1085	
ÁGUA	23 litros	
GRÃOS DO MOSTO	PESO	
Malte pale ale	3,85 kg	
Malte Munich	453 g	
Malte crystal	226 g	
Malte black	28 g	
TEMPO DE BRASSAGEM	1 hora	
PARA A FERVURA	PESO	TEMPO
Açúcar mascavo	453 g	90 minutos
Hallertauer	56 g	60 minutos finais
Goldings (Reino Unido)	28 g	60 minutos finais
Whirlfloc	1 pastilha	15 minutos finais
Mel	226 g	no final da fervura
DURAÇÃO DA FERVURA	1h30	
LEVEDURA	Monastery Ale Yeast-WLP-500	
DENSIDADE FINAL ESPERADA	1018	
ABV ESTIMADO	8,8%	

CERVEJA DE ABADIA

Desenvolvi minha própria versão desse estilo monástico. Atualmente, há dezoito certificados de produtores comerciais de cerveja de abadia, o que significa que não existe uma forma rígida de produzi-la. Mas você vai descobrir que as cervejas de estilo monástico, em sua maioria, são diferenciadas e feitas com altíssimo padrão.

DENSIDADE ORIGINAL	1062	
ÁGUA	23 litros	
GRÃOS DO MOSTO	PESO	
Malte Pilsen	4,8 kg	
Malte Munich	453 g	
Malte chocolate	28 g	
TEMPO DE BRASSAGEM	1 hora	
PARA A FERVURA	PESO	TEMPO
Willamette	28 g	60 minutos
Fuggles	28 g	15 minutos finais
Whirlfloc	1 pastilha	15 minutos finais
DURAÇÃO DA FERVURA	1 hora	
LEVEDURA	Belgian Abbey-WY-1214	
DENSIDADE FINAL ESPERADA	1008	
ABV ESTIMADO	7,1%	

FIQUE SABENDO

As receitas deste livro não precisam de starter de levedura. Basta usar as leveduras da Wyeast Labs que vêm com um ativador.

39

40

◄ AMBER ALE

Âmbar no nome, âmbar na cor, essa é uma ótima cerveja para servir com massa coberta de parmesão ralado.

DENSIDADE ORIGINAL	1080
ÁGUA	23 litros
GRÃOS DO MOSTO	**PESO**
Malte dark Munich	5,4 kg [Não se encontra facilmente no Brasil; consulte a p. 21]
Dextrose (açúcar de milho)	970 g
TEMPO DE BRASSAGEM	1 hora

PARA A FERVURA	PESO	TEMPO
Northern Brewer	28 g	60 minutos
Whirlfloc	1 pastilha	15 minutos finais

DURAÇÃO DA FERVURA	1 hora
LEVEDURA	Belgian Ardennes—WY-3522
DENSIDADE FINAL ESPERADA	1020
ABV ESTIMADO	7,9%

GOLDEN ALE

Clara na cor e leve no sabor, essa cerveja é a bebida perfeita para uma tarde ensolarada.

DENSIDADE ORIGINAL	1073
ÁGUA	23 litros
GRÃOS DO MOSTO	**PESO**
Malte Pilsen	4,9 kg
Dextrose (açúcar de milho)	907 g
Trigo não maltado	226 g
Mel	226 g
TEMPO DE BRASSAGEM	1 hora

PARA A FERVURA	PESO	TEMPO
Hallertauer	15 g	60 minutos
Styrian Golding	31 g	60 minutos
Hallertauer	15 g	30 minutos finais
Saaz	15 g	30 minutos finais
Styrian Golding	31 g	30 minutos finais
Saaz	15 g	1 minuto final
Whirlfloc	1 pastilha	15 minutos finais

DURAÇÃO DA FERVURA	1 hora
LEVEDURA	Belgian Ardennes—WY-3522
DENSIDADE FINAL ESPERADA	1010
ABV ESTIMADO	8,4%

CERVEJAS BELGAS

BLONDE ALE

Essa ale tem uma fantástica e intensa cor dourada que destaca a espuma branca e cremosa do colarinho.

DENSIDADE ORIGINAL	1062
ÁGUA	23 litros
GRÃOS DO MOSTO	PESO
Malte pale ale	4,3 kg
Malte crystal light	453 g [Não se encontra facilmente no Brasil; consulte a p. 21]
Malte Carapils	113 g
Malte caramalt	113 g
TEMPO DE BRASSAGEM	1 hora

PARA A FERVURA	PESO	TEMPO
Perle	31 g	60 minutos
Cascade	28 g	10 minutos finais
Whirlfloc	1 pastilha	15 minutos finais

DURAÇÃO DA FERVURA	1 hora
LEVEDURA	American ale—WY-1056
DENSIDADE FINAL ESPERADA	1012
ABV ESTIMADO	6,6%

ELDERFLOWER BLOND

Com sua taxa alta de lupulização e flores de sabugueiro, essa é uma refrescante ale de verão.

DENSIDADE ORIGINAL	1073
ÁGUA	23 litros
GRÃOS DO MOSTO	PESO
Malte 2-row pale	4,3 kg
Malte Munich	453 g
Malte Carapils	453 g
Trigo não maltado	226 g
TEMPO DE BRASSAGEM	1 hora

PARA A FERVURA	PESO	TEMPO
Hallertauer	35 g	60 minutos
Saaz	28 g	10 minutos finais
Flor de sabugueiro fresca ou desidratada	200 g	Ao desligar o fogo
Whirlfloc	1 pastilha	15 minutos finais

DURAÇÃO DA FERVURA	1 hora
LEVEDURA	Belgian Ardennes—WY-3522
DENSIDADE FINAL ESPERADA	1010
ABV ESTIMADO	8,3%

FIQUE SABENDO

Na blonde ale, dependendo dos lúpulos usados, seu resultado será um aroma de lúpulo terroso com um leve caráter adocicado de malte Pilsen.

FIQUE SABENDO

O uso do lúpulo Nelson Sauvin é opcional, mas realmente acrescenta um encanto especial a essa cerveja.

CHAMPAGNE BEER

Uma cerveja produzida de modo normal, mas fermentada com levedura de champanhe. A Champagne beer original teria sido triplamente maturada com levedura de champanhe e depois envelhecida em adegas desse tipo de bebida, com as garrafas inclinadas para que a levedura pudesse se acumular no gargalo antes de ser congelada e retirada. Excelente aperitivo, pode facilmente se tornar a preferida daqueles que de fato não gostam de cerveja.

DENSIDADE ORIGINAL	1082	
ÁGUA	23 litros	
GRÃOS DO MOSTO	PESO	
Malte Pilsen	3,35 kg	
Malte 2-row pale	1,7 kg	
Malte Carapils	335 g	
Malte de centeio	335 g	
Açúcar-cândi belga claro	1 kg	
TEMPO DE BRASSAGEM	1 hora	
PARA A FERVURA	PESO	TEMPO
Fuggles	38 g	60 minutos
Hellertauer	21 g	60 minutos
Nelson Sauvin	10 g	5 minutos finais
Saaz	19 g	1 minuto final
Whirlfloc	1 pastilha	15 minutos finais
DURAÇÃO DA FERVURA	1 hora	
LEVEDURA	Pasteur Champagne-WY-4021	
DENSIDADE FINAL ESPERADA	1016	
ABV ESTIMADO	8,6%	

DUBBEL

Os cervejeiros belgas são famosos por sua capacidade de criar ótimas variedades. Ao considerar a complexidade dos sabores da cerveja belga, pode-se facilmente imaginar que eles eram alquimistas, mas deve-se considerar que essas criações surgiram em mosteiros porque os monges conseguiam obter os ingredientes de várias partes do mundo.

DENSIDADE ORIGINAL	1062	
ÁGUA	23 litros	
GRÃOS DO MOSTO	PESO	
Malte belga Pilsen	4,9 kg	
Malte belga biscuit	341 g	
Malte belga aromatic	264 g	
Malte Caramunich	34 g	
Malte belga special B	11 g	
TEMPO DE BRASSAGEM	1 hora	
PARA A FERVURA	PESO	TEMPO
Açúcar-cândi belga âmbar	600 g	90 minutos
Styrian Aurora	24 g	60 minutos finais
Czech Saaz	10 g	15 minutos finais
Whirlfloc	1 pastilha	15 minutos finais
DURAÇÃO DA FERVURA	1h30	
LEVEDURA	Belgian Abbey-WY-1214	
DENSIDADE FINAL ESPERADA	1010	
ABV ESTIMADO	6,8%	

"Sempre faça sóbrio o que disse que faria quando bêbado. Isso vai ensiná-lo a ficar de boca fechada."
ERNEST HEMINGWAY (1899-1961)

47

▶ TRIPEL

Os lúpulos nessa cerveja criam um aroma de cravo com um sabor arredondado de malte, disfarçando o alto teor alcoólico.

DENSIDADE ORIGINAL	1082	
ÁGUA	23 litros	
GRÃOS DO MOSTO	PESO	
Malte Pilsen	3,35 kg	
Malte 2-row pale	1,7 kg	
Malte Carapils	335 g	
Malte de centeio	335 g	
Açúcar-cândi belga claro	1 kg	
TEMPO DE BRASSAGEM	1 hora	
PARA A FERVURA	PESO	TEMPO
Goldings (Reino Unido)	38 g	60 minutos
Hellertauer	21 g	60 minutos
Saaz	19 g	1 minuto final
Whirlfloc	1 pastilha	15 minutos finais
DURAÇÃO DA FERVURA	1 hora	
LEVEDURA	Belgian Abbey—WY-1214	
DENSIDADE FINAL ESPERADA	1014	
ABV ESTIMADO	8,9%	

QUADRUPEL

Dentre todas as cervejas belgas, essa é a de estilo mais forte, intenso, e a de sabor mais complexo.

DENSIDADE ORIGINAL	1084	
ÁGUA	23 litros	
GRÃOS DO MOSTO	PESO	
Malte Maris Otter	6,3 kg	
Malte dark Munich	453 g	[Não se encontra facilmente no Brasil; consulte a p. 21]
Açúcar-cândi belga escuro	453 g	
Açúcar mascavo escuro	340 g	[Pode-se usar 680 g de apenas um tipo de açúcar mascavo]
Açúcar mascavo claro	340 g	
Malte Caramunich III	113 g	
Malte special B	28 g	
TEMPO DE BRASSAGEM	1h30	
PARA A FERVURA	PESO	TEMPO
Saaz	28 g	60 minutos
Perle	28 g	15 minutos finais
Pimenta-do-reino moída na hora	1 colher (chá)	20 minutos finais
Whirlfloc	1 pastilha	15 minutos finais
DURAÇÃO DA FERVURA	1 hora	
LEVEDURA	Belgian Abbey II-WY-1762	
DENS. FINAL ESPERADA	1015	
ABV ESTIMADO	9,2%	

FIQUE SABENDO

Os lúpulos na cerveja tripel estão presentes, basicamente, para equilibrar a doçura dos maltes.

50

RED ALE BELGA

Forte no sabor e no teor alcoólico, contém um pouco de malte chocolate, que lhe confere sabor defumado.

DENSIDADE ORIGINAL	1064
ÁGUA	23 litros

GRÃOS DO MOSTO	PESO	
Malte Maris Otter pale ale	4,9 kg	
Malte Caramunich	226 g	
Malte aromatic	110 g	
Malte chocolate	28 g	
TEMPO DE BRASSAGEM	1 hora	
PARA A FERVURA	PESO	TEMPO
Tettnanger	35 g	60 minutos
Galena	14 g	15 minutos finais
Styrian Golding	7 g	15 minutos finais
Açúcar-cândi (cor entre clara e média)	453 g	Próximo ao fim
Whirlfloc	1 pastilha	15 minutos finais
DURAÇÃO DA FERVURA	1 hora	
LEVEDURA	Belgian Abbey II-WY-1762	
DENSIDADE FINAL ESPERADA	1015	
ABV ESTIMADO	6,4%	

◀ FLEMISH RED

Tradicionalmente envelhecida em barris de carvalho, deve aos maltes torrados seu matiz vermelho-amarronzado.

DENSIDADE ORIGINAL	1052	
ÁGUA	23 litros	
GRÃOS DO MOSTO	PESO	
Malte Vienna	3,6 kg	
Milho em flocos	1,3 kg	
Malte Caravienne	453 g	
Malte Pilsen caramelo	453 g	
Malte belga aromatic	453 g	
Malte belga special B	85 g	
TEMPO DE BRASSAGEM	1 hora	
PARA A FERVURA	PESO	TEMPO
Fuggles	28 g	75 minutos
Goldings (Reino Unido)	14 g	15 minutos finais
Whirlfloc	1 pastilha	15 minutos finais
DURAÇÃO DA FERVURA	1h15	
LEVEDURA	Belgian Abbey II-WY-1762	
DENSIDADE FINAL ESPERADA	1012	
ABV ESTIMADO	5,3%	

SAISON

Cerveja clássica flamenga cujo nome significa "estação". Já tendo sido produzida como refresco para os agricultores belgas quando faziam a colheita no fim do verão, essa infusão surgiu na Valônia, uma região francófona da Bélgica. Como o sabor vem das especiarias, frutas cítricas e ervas que são adicionadas durante a fervura – e não do lúpulo –, muitos fazendeiros belgas produziam sua versão especial da cerveja.

DENSIDADE ORIGINAL	1049	
ÁGUA	23 litros	
GRÃOS DO MOSTO	PESO	
Malte Pilsen	3 kg	
Malte Vienna	1,1 kg	
Trigo não maltado	240 g	
Malte crystal médio	210 g	
Malte belga aromatic	160 g	
TEMPO DE BRASSAGEM	1 hora	
PARA A FERVURA	PESO	TEMPO
Brewers Gold (Alemanha)	19 g	90 minutos
Goldings (Reino Unido)	10 g	30 minutos finais
Styrian Golding (Eslovênia)	12 g	10 minutos finais
Anis-estrelado	10 g	20 minutos finais
Raspas de limão	de 1 limão	10 minutos finais
Raspas de laranja	de 2 laranjas	10 minutos finais
Semente de coentro moída	20 g	10 minutos finais
Pimenta-do-reino moída na hora	1 colher (chá)	5 minutos finais
Whirlfloc	1 pastilha	15 minutos finais
DURAÇÃO DA FERVURA	1h30	
LEVEDURA	Belgian Saison—WY-3724	
DENSIDADE FINAL ESPERADA	1009	
ABV ESTIMADO	5,3%	

FIQUE SABENDO
Experimente adicionar um pouco de bagas de cardamomo à saison durante a fervura.

FIQUE SABENDO
Para uma deliciosa cerveja de Natal, experimente adicionar 3 paus de canela e 6 cravos com os lúpulos e ferva normalmente.

CERVEJA DE NATAL

Essa é uma variedade muito sofisticada, repleta de especiarias e sabores intensos. Cada cervejeiro dá um toque próprio à cerveja de Natal, e você deve estar preparado para experimentar a quantidade de especiarias que proporcionará o sabor certo para o seu paladar. A receita apresentada aqui serve apenas como orientação — seja corajoso e faça testes para alcançar algo bem pessoal e repleto de espírito natalino.

DENSIDADE ORIGINAL	1046	
ÁGUA	23 litros	
GRÃOS DO MOSTO	PESO	
Malte 2-row pale americano	3,4 kg	
Malte Vienna	1,1 kg	
Malte caramel	453 g	[Não se encontra facilmente no Brasil; consulte a p. 21]
Malte Victory	453 g	
Malte Caramunich	226 g	
Açúcar-cândi belga escuro	226 g	
Malte honey	226 g	
Malte Carafa I	113 g	
TEMPO DE BRASSAGEM	1 hora	
PARA A FERVURA	PESO	TEMPO
Saaz	16 g	60 minutos
Hersbrucker	16 g	60 minutos
Styrian Golding	14 g	60 minutos
Styrian Golding	14 g	15 minutos finais
Hersbrucker	15 g	5 minutos finais
Anis-estrelado	10 g	20 minutos finais
Canela em pau	3 unidades	10 minutos finais
Cravo-da-índia	7 unidades	10 minutos finais
Gengibre picado	30 g	10 minutos finais
Noz-moscada ralada	1 colher (chá)	10 minutos finais
Whirlfloc	1 pastilha	15 minutos finais
DURAÇÃO DA FERVURA	1 hora	
LEVEDURA	Belgian Abbey II-WY-1762	
DENSIDADE FINAL ESPERADA	1015	
ABV ESTIMADO	4,1%	

CERVEJA DE TRIGO

Uma cerveja flamenga tradicional que não depende apenas do lúpulo para acrescentar sabor ao malte.

DENSIDADE ORIGINAL	1046
ÁGUA	23 litros

GRÃOS DO MOSTO	PESO	
Trigo não maltado	2,48 kg	
Malte Pilsen	2,48 kg	
TEMPO DE BRASSAGEM	1 hora	
PARA A FERVURA	PESO	TEMPO
Fuggles	31 g	90 minutos
Raspas de laranja (sem a parte branca)	15 g	15 minutos finais
Semente de coentro moída	23 g	10 minutos finais
Semente de cominho	5 g	10 minutos finais
Whirlfloc	1 pastilha	15 minutos finais
DURAÇÃO DA FERVURA	1h30	
LEVEDURA	Belgian wheat-WY-3942	
DENSIDADE FINAL ESPERADA	1011	
ABV ESTIMADO	4,6%	

ALE COM ESPECIARIAS

Perfeita para o Natal. Adicione outras especiarias, como uma pitada de canela em pó, para aumentar sua complexidade.

DENSIDADE ORIGINAL	1048
ÁGUA	23 litros

GRÃOS DO MOSTO	PESO	
Malte 2-row pale inglês	4 kg	
Malte crystal médio	210 g	
Mel	600 g	
TEMPO DE BRASSAGEM	1h30	
PARA A FERVURA	PESO	TEMPO
Target	30 g	90 minutos
Hallertau Hersbruck	35 g	10 minutos finais
Raspas de laranja	35 g	15 minutos finais
Gengibre picado	25 g	15 minutos finais
Whirlfloc	1 pastilha	15 minutos finais
DURAÇÃO DA FERVURA	1h30	
LEVEDURA	French Saison-WY-3711	
DENS. FINAL ESPERADA	1010	
ABV ESTIMADO	4,8%	

"Palavras bêbadas são
pensamentos sóbrios."
ANÔNIMO

FIQUE SABENDO

Ao usar frutas cítricas, adicione a raspa e o suco, cuidando de dispensar a parte branca interna, que transmite um gosto amargo à cerveja.

WILDFLOWER WITBIER

Ao ser servida, deve apresentar uma bela cor dourada e um aroma levemente adocicado.

DENSIDADE ORIGINAL	1052
ÁGUA	23 litros

GRÃOS DO MOSTO	PESO
Malte de trigo	2,23 kg
Malte 2-row pale	1,8 kg
Malte Vienna	412 g
Cevada em flocos	110 g

TEMPO DE BRASSAGEM	1 hora

PARA A FERVURA	PESO	TEMPO
Cascade	16 g	60 minutos
Cascade	16 g	10 minutos finais
Laranja (raspas e suco)	6 unidades	20 minutos finais
Grapefruit (raspas e suco)	1 unidade	20 minutos finais
Chá de camomila	1 sachê	15 minutos finais
Semente de coentro moída	1 colher (chá)	10 minutos finais
Whirlfloc	1 pastilha	15 minutos finais

DURAÇÃO DA FERVURA	1 hora
LEVEDURA	Belgian Wit-WY-3944
DENSIDADE FINAL ESPERADA	1009
ABV ESTIMADO	5,2%

WITBIER DE AMORA

Tem doçura sutil e logo perde o colarinho quase branco que apresenta ao ser servida.

DENSIDADE ORIGINAL	1044
ÁGUA	23 litros

GRÃOS DO MOSTO	PESO
Malte 2-row pale	2,2 kg
Malte de trigo	2,2 kg
Aveia em flocos	570 g
Malte Munich	113 g

TEMPO DE BRASSAGEM	1h30

PARA A FERVURA	PESO	TEMPO
Goldings	28 g	60 minutos
Goldings	14 g	20 minutos finais
Whirlfloc	1 pastilha	15 minutos finais
Amora	1,4 kg	Na fermentação primária por 3 dias

DURAÇÃO DA FERVURA	1 hora
LEVEDURA	Belgian Wit-WY-3944
DENSIDADE FINAL ESPERADA	1012
ABV ESTIMADO	4,2%

STOUT

Produzida primeiramente por uns poucos cervejeiros artesanais, a stout belga pegou nos Estados Unidos, onde há ótimas variedades desse estilo.

DENSIDADE ORIGINAL	1080	
ÁGUA	23 litros	
GRÃOS DO MOSTO	PESO	
Malte Pilsen	5,4 kg	
Malte Munich	910 g	
Trigo não maltado	453 g	
Malte chocolate	453 g	
Cevada torrada	453 g	
Malte belga special B	453 g	
TEMPO DE BRASSAGEM	1 hora	
PARA A FERVURA	PESO	TEMPO
Xarope de açúcar-cândi belga	453 g	90 minutos
Northern Brewer	28 g	60 minutos finais
Fuggles	28 g	30 minutos finais
Fuggles	12 g	Ao desligar o fogo
Whirlfloc	1 pastilha	15 minutos finais
DURAÇÃO DA FERVURA	1h30	
LEVEDURA	Belgian Abbey II-WY-1762	
DENSIDADE FINAL ESPERADA	1010	
ABV ESTIMADO	9,2%	

TAFELBIER

Literalmente "cerveja de mesa", a fraca tafelbier era encontrada em refeitórios de faculdade até os anos 1970.

DENSIDADE ORIGINAL	1023	
ÁGUA	23 litros	
GRÃOS DO MOSTO	PESO	
Malte Maris Otter	1 kg	
Malte Caravienne	453 g	[Não se encontra facilmente no Brasil; consulte a p. 21]
Trigo não maltado	226 g	
Malte belga aromatic	170 g	
Açúcar-cândi belga claro	141 g	
TEMPO DE BRASSAGEM	1 hora	
PARA A FERVURA	PESO	TEMPO
Tradition	10 g	60 minutos
Whirlfloc	1 pastilha	15 minutos finais
DURAÇÃO DA FERVURA	1 hora	
LEVEDURA	Belgian Abbey II-WY-1762	
DENS. FINAL ESPERADA	1004	
ABV ESTIMADO	2,5%	

FIQUE SABENDO

Para a stout, ferva os primeiros escoamentos de mosto da panela até caramelizá-los.

FIQUE SABENDO

Para a bitter, experimente o Northern Brewer em vez do Northdown como variação de lúpulo.

CAPÍTULO 2
CERVEJAS INGLESAS

BITTER

A bitter, nome inglês para a pale ale, tem cinco variações de potência. A mais vendida é a bitter comum (em geral descrita como uma IPA), que geralmente apresenta ABV de até 4,1%. (Note que a IPA nos Estados Unidos e em outros lugares é mais forte.) A melhor bitter registra ABV de 4,2-4,7%, enquanto as outras três variedades, chamadas de special bitter, extra special bitter e premium bitter, têm porcentagens diversas.

DENSIDADE ORIGINAL	1037	
ÁGUA	23 litros	
GRÃOS DO MOSTO	PESO	
Malte pale ale	3,65 kg	
Trigo não maltado	265 g	
Malte crystal médio	100 g	
Malte black	65 g	
TEMPO DE BRASSAGEM	1 hora	
PARA A FERVURA	PESO	TEMPO
Northdown (Reino Unido)	20 g	90 minutos
First Gold (Reino Unido)	10 g	45 minutos finais
Bramling Cross (Reino Unido)	10 g	10 minutos finais
Irish moss	1 colher (chá)	15 minutos finais
DURAÇÃO DA FERVURA	1h30	
LEVEDURA	Safale-S04	
DENSIDADE FINAL ESPERADA	1009	
ABV ESTIMADO	3,9%	

BEST BITTER

Antigamente a preferida dos trabalhadores, a best bitter é um bom ponto de partida para um aspirante a cervejeiro.

DENSIDADE ORIGINAL	1047	
ÁGUA	23 litros	
GRÃOS DO MOSTO	PESO	
Malte pale ale	4,9 kg	
Malte crystal	200 g	
Malte chocolate	45 g	
TEMPO DE BRASSAGEM	1 hora	
PARA A FERVURA	PESO	TEMPO
Challenger (Reino Unido)	22 g	90 minutos
Bramling Cross (Reino Unido)	20 g	20 minutos finais
Fuggles (Reino Unido)	16 g	5 minutos finais
Whirlfloc/Irish Moss	1 pastilha/1 col. (chá)	15 minutos finais
DURAÇÃO DA FERVURA	1h30	
LEVEDURA	London ale III-WY-1318	
DENSIDADE FINAL ESPERADA	1012	
ABV ESTIMADO	4,6%	

EXTRA SPECIAL BITTER

Essa cerveja normalmente leva lúpulos ingleses e tem sabor bem maltado e frutado.

DENSIDADE ORIGINAL	1053	
ÁGUA	23 litros	
GRÃOS DO MOSTO	PESO	
Malte pale ale	4,93 kg	
Malte crystal médio	290 g	
Trigo não maltado	210 g	
Malte chocolate	115 g	
TEMPO DE BRASSAGEM	1 hora	
PARA A FERVURA	PESO	TEMPO
Açúcar mascavo claro [pode ser trocado pelo escuro]	115 g	90 minutos
Williamette	19 g	90 minutos
Bramling Cross (Reino Unido)	18 g	30 minutos finais
Goldings (Reino Unido)	13 g	30 minutos finais
Goldings (Reino Unido)	14 g	10 minutos finais
Whirlfloc	1 pastilha	15 minutos finais
DURAÇÃO DA FERVURA	1h30	
LEVEDURA	British ale II-WY-1335	
DENS. FINAL ESPERADA	1013	
ABV ESTIMADO	5,3%	

FIQUE SABENDO

A extra special bitter é um pouco mais amarga que suas parentes e tem teor alcoólico mais alto. É uma cerveja para beber devagar e saborear!

66

INDIA PALE ALE

Durante a ocupação britânica na Índia, uma companhia cervejeira da Inglaterra decidiu desenvolver uma cerveja que, em vez de repousar em adega, como de costume, pudesse amadurecer durante a longa viagem de volta dos navios vazios para a colônia. Essa cerveja, conhecida como IPA, tornou-se incrivelmente popular entre os expatriados ingleses, dado seu sabor fantástico e seu teor alcoólico mediano.

DENSIDADE ORIGINAL	1052	
ÁGUA	23 litros	
GRÃOS DO MOSTO	PESO	
Malte pale ale	5,25 kg	
Malte crystal médio	420 g	
TEMPO DE BRASSAGEM	1 hora	
PARA A FERVURA	PESO	TEMPO
Challenger	30 g	90 minutos
First Gold (Reino Unido)	13 g	10 minutos finais
Whirlfloc	1 pastilha	15 minutos finais
DURAÇÃO DA FERVURA	1h30	
LEVEDURA	Safale-S04	
DENSIDADE FINAL ESPERADA	1014	
ABV ESTIMADO	5%	

FIQUE SABENDO

A IPA tem um tempo bem longo de maturação por causa da grande quantidade de lúpulos que carrega.

PALE ALE

Costuma-se produzir a pale ale com malte seco em coque. Trata-se de uma ótima cerveja para testar com lúpulos variados.

DENSIDADE ORIGINAL	1049	
ÁGUA	23 litros	
GRÃOS DO MOSTO	PESO	
Malte pale	3,6 kg	
Malte Carapils	226 g	
Malte Caramunich	226 g	
TEMPO DE BRASSAGEM	1 hora	
PARA A FERVURA	PESO	TEMPO
Northern Brewer	31 g	60 minutos
Fuggles	17 g	15 minutos finais
Goldings	11 g	10 minutos finais
Whirlfloc	1 pastilha	15 minutos finais
DURAÇÃO DA FERVURA	1 hora	
LEVEDURA	British ale II-WY-1335	
DENSIDADE FINAL ESPERADA	1013	
ABV ESTIMADO	4,6%	

▶ ALE DE PRIMAVERA

Embora refrescante e de cor clara, essa cerveja ainda é muito pesada, com ABV alto para o estilo.

DENSIDADE ORIGINAL	1049	
ÁGUA	23 litros	
GRÃOS DO MOSTO	PESO	
Malte pale	3,6 kg	
Malte aromatic	226 g	
Malte Caravienne	226 g	[Não se encontra facilmente no Brasil; consulte a p. 21]
Malte Carafa I	58 g	
TEMPO DE BRASSAGEM	1h30	
PARA A FERVURA	PESO	TEMPO
Goldings	28 g	80 minutos
Goldings	14 g	20 minutos finais
Goldings	14 g	10 minutos finais
Whirlfloc	1 pastilha	15 minutos finais
DURAÇÃO DA FERVURA	1h20	
LEVEDURA	British ale II-WY-1335	
DENSIDADE FINAL ESPERADA	1013	
ABV ESTIMADO	4,6%	

69

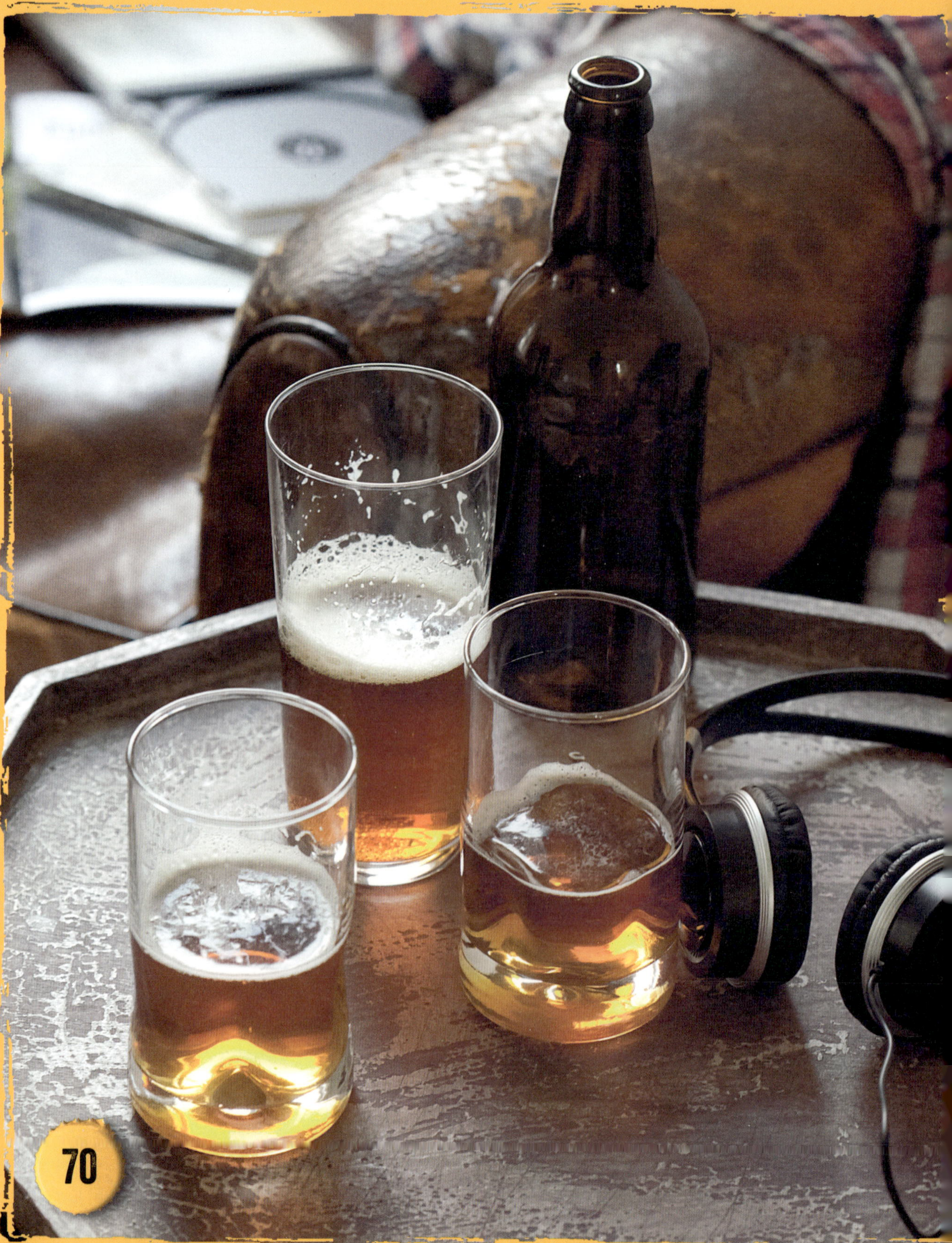

CERVEJA DE VERÃO

Quando despejada no copo, tem uma cor dourada turva que a faz perfeita para o consumo em dias quentes. O aroma, redondo, é de chá e lúpulo. A cerveja de verão pode ser rala, mas é abençoada com um colarinho duradouro e o sabor delicioso de trigo e limão — sabor este ligeiramente neutralizado pela sutil sensação picante das sementes de coentro adicionadas ao fim da fervura.

DENSIDADE ORIGINAL	1073	
ÁGUA	23 litros	
GRÃOS DO MOSTO	PESO	
Malte Maris Otter	5,2 kg	
TEMPO DE BRASSAGEM	1 hora	
PARA A FERVURA	PESO	TEMPO
Hallertauer	15 g	60 minutos
Crystal	15 g	30 minutos finais
Saaz	15 g	30 minutos finais
Crystal	31 g	15 minutos finais
Semente de coentro moída	1 colher (sopa)	30 minutos finais
Whirlfloc	1 pastilha	15 minutos finais
DURAÇÃO DA FERVURA	1 hora	
LEVEDURA	Belgian Ardennes—WY-3522	
DENSIDADE FINAL ESPERADA	1010	
ABV ESTIMADO	8,3%	

BROWN ALE

Essa variedade surgiu no norte da Inglaterra, onde as ales eram em geral compradas diretamente da cervejaria. Com uma cor bem caramelizada, a brown ale é mais clara, porém mais forte, do que uma mild ale.

DENSIDADE ORIGINAL	1046	
ÁGUA	23 litros	
GRÃOS DO MOSTO	PESO	
Malte pale ale	2,38 kg	
Malte caramelo	907 g	
Malte chocolate	113 g	
TEMPO DE BRASSAGEM	1 hora	
PARA A FERVURA	PESO	TEMPO
Fuggles (Reino Unido)	28 g	90 minutos
Goldings (Reino Unido)	28 g	15 minutos finais
Açúcar mascavo claro	453 g	90 minutos
DURAÇÃO DA FERVURA	1h30	
LEVEDURA	British ale II-WY-1335	
DENSIDADE FINAL ESPERADA	1013	
ABV ESTIMADO	4,3%	

OLD ALE

O nome "old ale" servia para descrever ales guardadas por uma cervejaria e vendidas por um preço maior. Às vezes, a stock (ou muito velha) ale era misturada com uma ale mais jovem para diminuir a acidez e criar uma old ale. O ABV das old ales varia entre 6-9%.

DENSIDADE ORIGINAL	1071	
ÁGUA	23 litros	
GRÃOS DO MOSTO	PESO	
Malte pale ale	6,58 kg	
Malte crystal médio	730 g	
TEMPO DE BRASSAGEM	1h30	
PARA A FERVURA	PESO	TEMPO
Fuggles (Reino Unido)	105 g	90 minutos
Goldings (Reino Unido)	25 g	15 minutos finais
Whirlfloc	1 pastilha	15 minutos finais
DURAÇÃO DA FERVURA	1h30	
LEVEDURA	London ale-WY-1028	
DENS. FINAL ESPERADA	1017	
ABV ESTIMADO	7,2%	

FIQUE SABENDO

Na brown ale, o uso da levedura British ale proporcionará um final mais adocicado. Se preferir um resultado mais mediano, substitua-a pela levedura London ale.

FIQUE SABENDO

As mild ales são ingeridas rapidamente – e da mesma forma, pedem para ser "eliminadas" rapidamente!

MILD

Embora não seja muito lupulada, a mild pode ser bem saborosa, especialmente se você gostar de sabores maltados. Ela se originou na Inglaterra do século XVIII, quando os lúpulos ali chegaram vindos da França, da Alemanha e da Holanda. Os cervejeiros ingleses puderam então reduzir a densidade das ales fortes, usando os lúpulos para preservar suas qualidades e, assim, produzindo uma cerveja completa. Trata-se de uma boa receita para o cervejeiro artesanal, em que o desafio é conseguir um grande sabor para um estilo que é suave.

DENSIDADE ORIGINAL	1032	
ÁGUA	23 litros	
GRÃOS DO MOSTO	PESO	
Malte pale ale	3,1 kg	
Malte crystal médio	215 g	
Malte chocolate	110 g	
Trigo não maltado	100 g	
TEMPO DE BRASSAGEM	1 hora	
PARA A FERVURA	PESO	TEMPO
Challenger (Reino Unido)	18 g	90 minutos
Fuggle (Reino Unido)	10 g	90 minutos
Goldings (Reino Unido)	10 g	10 minutos finais
Whirlfloc	1 pastilha	15 minutos finais
DURAÇÃO DA FERVURA	1h30	
LEVEDURA	London ale-WY-1028	
DENSIDADE FINAL ESPERADA	1009	
ABV ESTIMADO	3,1%	

"Nenhum soldado consegue lutar se não estiver devidamente abastecido de carne e cerveja."
JOHN CHURCHILL,
PRIMEIRO DUQUE DE MARLBOROUGH (1650-1722)

CERVEJAS INGLESAS

DARK RUBY MILD

Uma excelente mild ale, a dark ruby mild tem base adocicada de malte e ligeiro contrapeso de lúpulo. Despejada no copo, ela deve apresentar um vermelho-rubi exuberante, além de um colarinho cremoso e colorido, quase bronze. Apesar do ABV mais elevado, é deliciosa e fácil de beber — o tipo de cerveja para se tomar num dia de inverno.

DENSIDADE ORIGINAL	1034	
ÁGUA	23 litros	
GRÃOS DO MOSTO	PESO	
Malte Maris Otter	5 kg	
Malte chocolate	113 g	
Malte crystal médio	1,5 g	
TEMPO DE BRASSAGEM	1 hora	
PARA A FERVURA	PESO	TEMPO
Williamette	41 g	90 minutos
Fuggles	35 g	90 minutos
Goldings (Reino Unido)	20 g	15 minutos finais
Whirlfloc	1 pastilha	15 minutos finais
DURAÇÃO DA FERVURA	1h30	
LEVEDURA	West Yorkshire Ale-WY-1469	
DENSIDADE FINAL ESPERADA	1014	
ABV ESTIMADO	2,6%	

"Quando li sobre os males da bebida, parei de ler."
HENRY YOUNGMAN (1906-1998)

77

PORTER

Popularizada nos anos 1800, a porter (que não é tão intensa quanto a stout) é o resultado de maltes pale e malte black.

DENSIDADE ORIGINAL	1049
ÁGUA	23 litros
GRÃOS DO MOSTO	PESO
Malte pale ale	4,30 g
Malte crystal médio	425 g
Trigo não maltado	380 g
Cevada torrada	240 g
TEMPO DE BRASSAGEM	1 hora

PARA A FERVURA	PESO	TEMPO
Williamette	21 g	90 minutos
Progress (Reino Unido)	8 g	45 minutos finais
Fuggles (Reino Unido)	15 g	10 minutos finais
Whirlfloc	1 pastilha	15 minutos finais

DURAÇÃO DA FERVURA	1h30
LEVEDURA	Irish ale-WY-1084
DENSIDADE FINAL ESPERADA	1013
ABV ESTIMADO	4,8%

PORTER DEFUMADA

O objetivo é o amargor tostado com um aroma defumado: frutas secas, café e chocolate, concentrados numa só cerveja.

DENSIDADE ORIGINAL	1056
ÁGUA	23 litros
GRÃOS DO MOSTO	PESO
Malte 2-row pale	3,1 kg
Malte caramalt	453 g
Malte defumado	453 g
Malte Carapils	340 g
Malte de trigo	226 g
Malte chocolate	226 g
Malte black	58 g
TEMPO DE BRASSAGEM	1 hora

PARA A FERVURA	PESO	TEMPO
Northern Brewer	21 g	60 minutos
Williamette	14 g	15 minutos finais
Williamette	14 g	Ao desligar o fogo
Whirlfloc	1 pastilha	15 minutos finais

DURAÇÃO DA FERVURA	1 hora
LEVEDURA	American ale-WY-1056
DENS. FINAL ESPERADA	1014
ABV ESTIMADO	5,4%

FIQUE SABENDO

As porters servem como excelente base para uma série de sabores que você pode introduzir. Tente café, chocolate, fruta e especiarias. Um verdadeiro deleite para um cervejeiro corajoso!

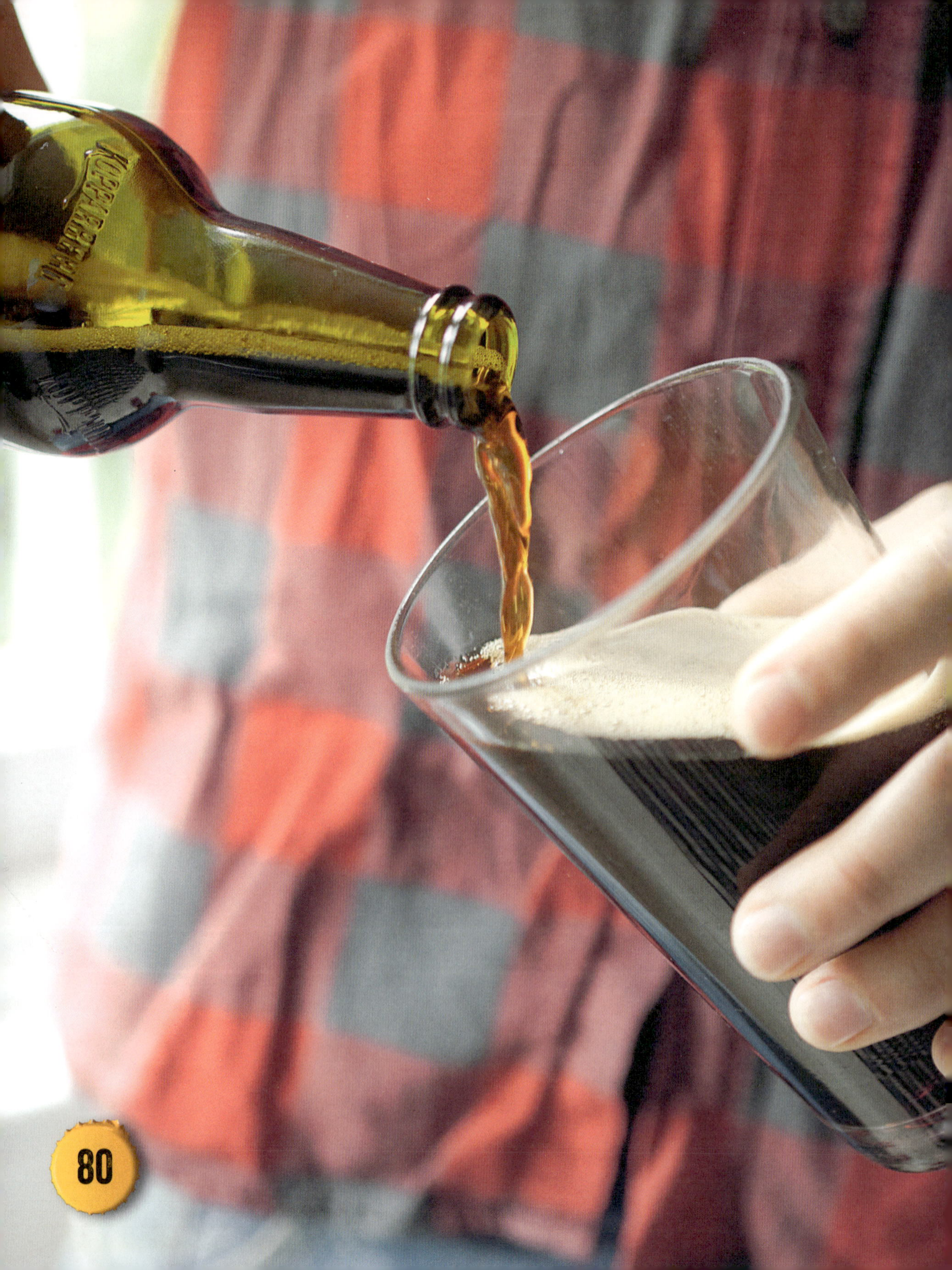

STOUT

O desenvolvimento das stouts e porters está intimamente ligado. Sua enorme popularidade vem da ampla variedade de reforços, que costumavam ser alardeados pelos cervejeiros com palavras como "extra" e "double", comumente usadas para descrever cervejas escuras. Stout porters são cervejas com densidade alta, normalmente com ABV de 7-8%. As stouts irlandesas, como a Guinness, são mais bem descritas como dry stouts.

DENSIDADE ORIGINAL	1045	
ÁGUA	23 litros	
GRÃOS DO MOSTO	PESO	
Malte pale ale	4,45 kg	
Cevada torrada	465 g	
TEMPO DE BRASSAGEM	1 hora	
PARA A FERVURA	PESO	TEMPO
Target (Reino Unido)	25 g	90 minutos
Goldings (Reino Unido)	12 g	10 minutos finais
Whirlfloc	1 pastilha	15 minutos finais
DURAÇÃO DA FERVURA	1h30	
LEVEDURA	London ale—WY-1028	
DENSIDADE FINAL ESPERADA	1011	
ABV ESTIMADO	4,6%	

FIQUE SABENDO

Tente adicionar 70 g de cacau em pó e 30 g de pimenta-calabresa em flocos no final da fervura. Se quiser experimentar mais, acrescente também 5 g de lúpulos para harmonizar.

CHOCOLATE STOUT

Nessa cerveja, usa-se malte que foi seco até desenvolver o sabor de chocolate e cacau em pó. Alguns cervejeiros empregam adjuntos, como raspas de chocolate, e aromatizantes, como groselha, amora e café instantâneo, ou a transformam em uma double chocolate stout. Porém, a stout de chocolate só ganha essa classificação quando recebe chocolate na infusão (e não quando o sabor deste provém do malte).

DENSIDADE ORIGINAL	1043	
ÁGUA	23 litros	
GRÃOS DO MOSTO	PESO	
Malte Maris Otter	3,6 kg	
Malte chocolate	420 g	
Trigo não maltado	260 g	
Cevada torrada	195 g	
Malte Caramunich III	200 g	
TEMPO DE BRASSAGEM	1 hora	
PARA A FERVURA	PESO	TEMPO
Northern Brewer	38 g	90 minutos
Cacau em pó	50 g	15 minutos finais
Whirlfloc	1 pastilha	15 minutos finais
DURAÇÃO DA FERVURA	1h30	
LEVEDURA	American ale—WY-1056	
DENSIDADE FINAL ESPERADA	1011	
ABV ESTIMADO	4%	

"O problema com a humanidade é que ela está sempre algumas doses atrasada."
HUMPHREY BOGART (1899-1957)

83

FIQUE SABENDO

Para a coffee stout, adicione ao mosto fervente 2/3 de xícara de extrato de malte seco e 3 colheres (sopa) de café instantâneo forte. Espere no mínimo um mês para beber.

OATMEAL STOUT

Essa cerveja já foi considerada revigorante e nutritiva por causa da aveia usada no mosto.

DENSIDADE ORIGINAL	1062	
ÁGUA	23 litros	
GRÃOS DO MOSTO	PESO	
Malte 2-row	3,8 kg	
Malte special B	340 g	
Malte chocolate	226 g	
Malte Carafa II	340 g	
Cevada torrada	226 g	
Malte de trigo claro	226 g [pode ser qualquer outro de trigo]	
Flocos de aveia	453 g	
TEMPO DE BRASSAGEM	1h30	
PARA A FERVURA	PESO	TEMPO
Pacific Gem	14 g	60 minutos
Hallertauer	28 g	15 minutos finais
Hallertauer	14 g	5 minutos finais
Whirlfloc	1 pastilha	15 minutos finais
DURAÇÃO DA FERVURA	1 hora	
LEVEDURA	Irish ale—WY-1084	
DENSIDADE FINAL ESPERADA	1012	
ABV ESTIMADO	6,5%	

COFFEE STOUT

Maltes escuros torrados, junto com café em grão ou instantâneo, dão o sabor amargo e de café a essa cerveja.

DENSIDADE ORIGINAL	1086	
ÁGUA	23 litros	
GRÃOS DO MOSTO	PESO	
Malte Maris Otter	5,4 kg	
Trigo não maltado	453 g	
Malte chocolate	226 g	
Cevada torrada	226 g	
Malte crystal escuro	453 g	
Grão de café moído grosso	226 g	
TEMPO DE BRASSAGEM	1h30	
PARA A FERVURA	PESO	TEMPO
Northern Brewer	56 g	60 minutos
Galena	28 g	30 minutos finais
Spalt	28 g	5 minutos finais
DURAÇÃO DA FERVURA	1 hora	
LEVEDURA	Belgian strong ale—WY-1388	
DENSIDADE FINAL ESPERADA	1018	
ABV ESTIMADO	8,5%	

BARLEY WINE

Esse "vinho de cevada" era uma cerveja sazonal, historicamente produzida na época da colheita com os maltes mais frescos e quantidades copiosas de lúpulos Kent Goldings. Feita com grãos em vez de frutas, ainda assim é uma cerveja!

DENSIDADE ORIGINAL	1098
ÁGUA	23 litros

GRÃOS DO MOSTO	PESO
Malte Maris Otter	4,26 kg
Malte crystal médio	820 g

TEMPO DE BRASSAGEM	1 hora

PARA A FERVURA	PESO		TEMPO
Extrato de malte líquido claro	3 kg		90 minutos
Açúcar mascavo claro	580 g	[Pode-se usar 930 g de açúcar mascavo escuro]	90 minutos
Açúcar mascavo escuro	350 g		90 minutos
Northdown	46 g		90 minutos
Goldings (Reino Unido)	15 g		10 minutos finais
Whirlfloc	1 pastilha		15 minutos finais

DURAÇÃO DA FERVURA	1h30
LEVEDURA	British ale—WY-1098
DENSIDADE FINAL ESPERADA	1015
ABV ESTIMADO	10,9%

SCOTCH ALE

Essa ale doce e encorpada tem baixo teor de lúpulo e sabor de toffee e caramelo. Densa e maltada, a Scotch ale leva maltes especiais para que se revele todo o seu sabor.

DENSIDADE ORIGINAL	1070
ÁGUA	23 litros

GRÃOS DO MOSTO	PESO
Malte pale ale	3,4 kg
Malte amber	450 g
Malte crystal escuro	172 g
Cevada torrada	27 g

TEMPO DE BRASSAGEM	1 hora

PARA A FERVURA	PESO	TEMPO
Goldings (Reino Unido)	28 g	90 minutos

DURAÇÃO DA FERVURA	1h30
LEVEDURA	Scottish ale—WY-1728
DENS. FINAL ESPERADA	1020
ABV ESTIMADO	6,6%

FIQUE SABENDO

Embora eu tenha usado Goldings (Reino Unido), adicione qualquer sobra de lúpulos velhos; eles servem apenas para dar amargor. Use uma pitada de malte defumado para um toque especial.

FIQUE SABENDO

Se fôssemos fazer uma receita dessa barley wine apenas com grãos, o peso total de grãos seria de 8,19 kg!

88

CAPÍTULO 3
CERVEJAS ALEMÃS

WEISSBIER

Conhecida também como Weizenbier, a Weissbier é uma especialidade da Baviera, e segundo a lei alemã qualquer variedade dela produzida na Alemanha precisa ser de alta fermentação. Essa cerveja é muito diferente, com notas exóticas de banana e cravo, sabores obtidos como subprodutos da fermentação, mas que devem ser almejados pelo cervejeiro. Outra característica é o colarinho generoso.

DENSIDADE ORIGINAL	1052	
ÁGUA	23 litros	
GRÃOS DO MOSTO	PESO	
Malte de trigo	2,4 kg	
Malte Pilsen	2 kg	
Malte Carapils	226 g	
Palha de arroz	226 g	
TEMPO DE BRASSAGEM	1 hora	
PARA A FERVURA	PESO	TEMPO
Hallertauer Hersbrucker	23 g	60 minutos
Tettnanger	14 g	15 minutos finais
Whirlfloc	1 pastilha	15 minutos finais
DURAÇÃO DA FERVURA	1 hora	
LEVEDURA	Weihenstephan Weizen—WY-3068	
DENSIDADE FINAL ESPERADA	1014	
ABV ESTIMADO	5%	

ROGGENBIER

Criada na Baviera, essa especialidade apresenta sabores de grãos e um farto colarinho branco e cremoso.

DENSIDADE ORIGINAL	1046	
ÁGUA	23 litros	
GRÃOS DO MOSTO	PESO	
Malte 2-row pale	3,9 kg	
Malte Cararye	1 kg	[Não se encontra facilmente no Brasil; consulte a p. 21]
Malte crystal claro	481 g	
TEMPO DE BRASSAGEM	1 hora	
PARA A FERVURA	PESO	TEMPO
Tettnanger	21 g	60 minutos
Hallertauer Mittlefreuh	14 g	30 minutos finais
Saaz	12 g	30 minutos finais
Hallertauer Mittlefreuh	12 g	5 minutos finais
Saaz	14 g	5 minutos finais
Whirlfloc	1 pastilha	15 minutos finais
DURAÇÃO DA FERVURA	1 hora	
LEVEDURA	Bavarian wheat-WY-3638	
DENSIDADE FINAL ESPERADA	1012	
ABV ESTIMADO	4,5%	

▶ RAUCHBIER

Com o significado de "cerveja defumada", trata-se de um estilo incomum e mais difícil de encontrar atualmente.

DENSIDADE ORIGINAL	1050	
ÁGUA	23 litros	
GRÃOS DO MOSTO	PESO	
Malte defumado	3,24 kg	
Malte Vienna	1,16 kg	
Malte Munich	1,16 kg	
Malte chocolate	230 g	
TEMPO DE BRASSAGEM	1 hora	
PARA A FERVURA	PESO	TEMPO
Sterling	16 g	60 minutos
Czech Saaz	28 g	15 minutos finais
Crystal	28 g	10 minutos finais
Whirlfloc	1 pastilha	15 minutos finais
DURAÇÃO DA FERVURA	1 hora	
LEVEDURA	Bavarian lager-WY-2206	
DENS. FINAL ESPERADA	1013	
ABV ESTIMADO	4,9%	

FIQUE SABENDO

Antes do advento da tecnologia moderna, o malte verde era seco sobre fogo aberto, o que lhe dava sabor defumado. Assim, use malte defumado para se aproximar do sabor tradicional.

FIQUE SABENDO
Se o seu paladar é mais para o doce, opte por uma cerveja do tipo Helles, menos amarga do que uma pilsen.

HELLES

"Helles" significa "a clara" em alemão, e essa é verdadeiramente uma cerveja clara, cor de palha. É efervescente e leve, mas não chocha, porque bem encorpada. Leve na cor, mas não no teor alcoólico, que é poderoso, a Helles deve ter no final um sabor suave, maltado, além de seco com uma nota prolongada de lúpulo.

DENSIDADE ORIGINAL	1048	
ÁGUA	23 litros	
GRÃOS DO MOSTO	PESO	
Malte 2-row Pilsen alemão	3,6 kg	
Malte Munich	113 g	
Malte Carafoam	340 g	
Malte Vienna alemão	340 g	
TEMPO DE BRASSAGEM	1 hora	
PARA A FERVURA	PESO	TEMPO
Hallertauer Mittelfrueh	31 g	60 minutos
Hallertauer Mittelfrueh	15 g	15 minutos finais
Saaz (Rep. Tcheca)	15 g	1 minuto final
Whirlfloc	1 pastilha	15 minutos finais
DURAÇÃO DA FERVURA	1 hora	
LEVEDURA	Bohemian lager—WY-2124	
DENSIDADE FINAL ESPERADA	1010	
ABV ESTIMADO	5%	

"Nem toda a química é ruim. Sem elementos como o hidrogênio e o oxigênio não haveria água, um ingrediente vital para a cerveja."
DAVE BARRY (1947-)

BOCKBIER

Pesada e maltada, essa cerveja incrivelmente sedosa não deve ser tomada de um gole, mas sim saboreada.

DENSIDADE ORIGINAL	1067	
ÁGUA	23 litros	
GRÃOS DO MOSTO	PESO	
Malte Pilsen alemão	2,7 kg	
Malte Munich escuro	1,3 kg	
Malte Munich claro	1,3 kg	
Malte Caramunich II	340 g	
Malte special B belga	113 g	
Malte Carafa especial II alemão	56 g	[Pode ser substituído pelo Carafa II convencional]
TEMPO DE BRASSAGEM	1 hora	
PARA A FERVURA	PESO	TEMPO
Hallertauer	14 g	90 minutos
Magnum	7 g	60 minutos finais
Hallertauer	21 g	60 minutos finais
Hallertauer	14 g	10 minutos finais
Whirlfloc	1 pastilha	15 minutos finais
DURAÇÃO DA FERVURA	1h30	
LEVEDURA	Bohemian lager—WY-2124	
DENSIDADE FINAL ESPERADA	1015	
ABV ESTIMADO	6,8%	

▶ DOPPELBOCK

Lançada em 1780, a "double bock" leva esse nome por causa da grande quantidade de grãos em relação à água.

DENSIDADE ORIGINAL	1072	
ÁGUA	23 litros	
GRÃOS DO MOSTO	PESO	
Malte Pilsen	4,25 kg	
Malte Munich I	1,1 kg	
Malte lager	662 g	
Malte crystal escuro	449 g	
Malte chocolate	90 g	
TEMPO DE BRASSAGEM	1 hora	
PARA A FERVURA	PESO	TEMPO
Crystal	13 g	60 minutos
Tettnanger	28 g	60 minutos
Crystal	28 g	30 minutos finais
Whirlfloc	1 pastilha	15 minutos finais
DURAÇÃO DA FERVURA	1 hora	
LEVEDURA	Munich lager—WY-2308	
DENS. FINAL ESPERADA	1018	
ABV ESTIMADO	7,2%	

95

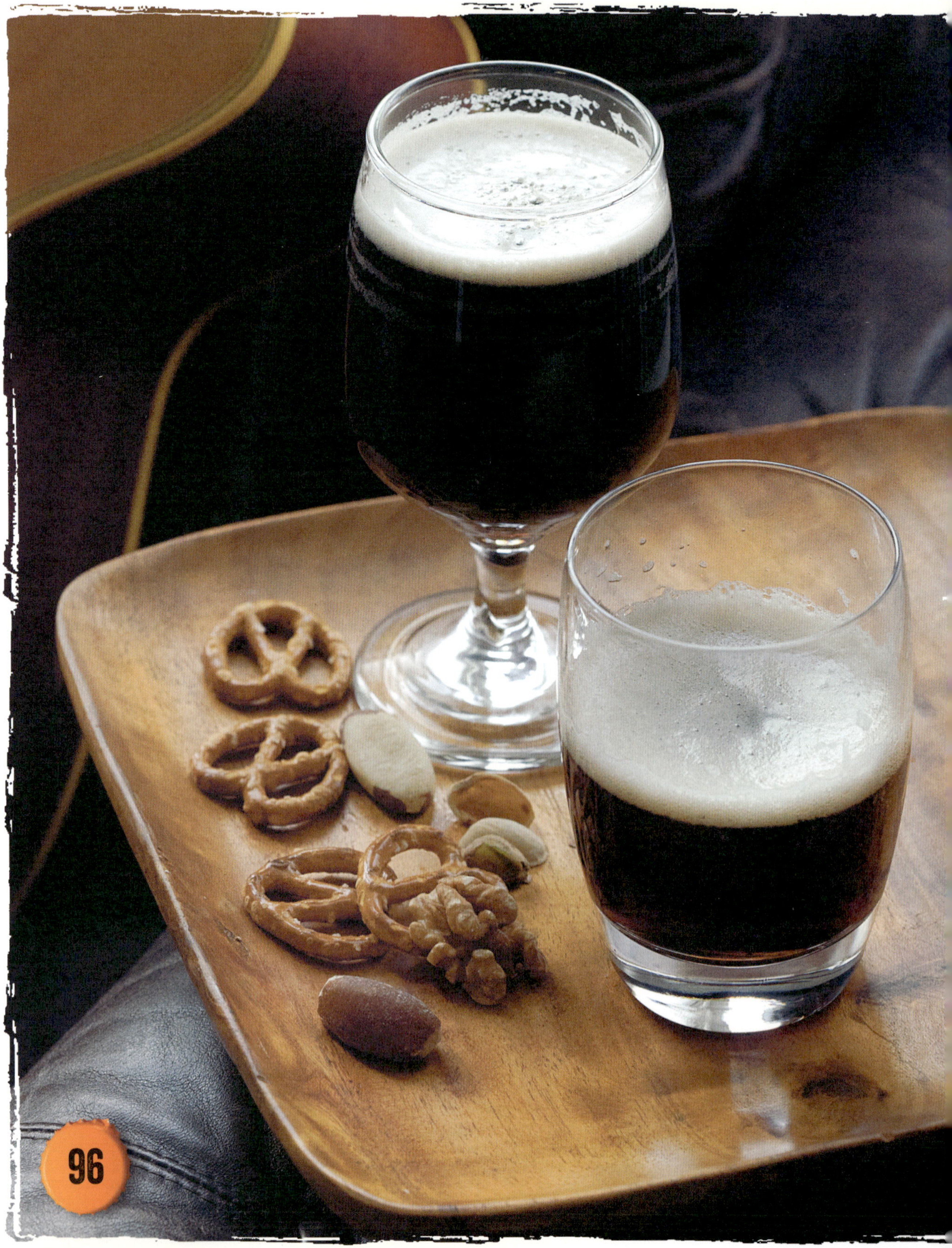

SCHWARZBIER

A Schwarzbier, ou "cerveja preta", apresenta um sabor limpo de lager e excelentes notas de chocolate, café e baunilha.

DENSIDADE ORIGINAL	1054	
ÁGUA	23 litros	
GRÃOS DO MOSTO	PESO	
Malte Munich	2 kg	
Malte Vienna	2 kg	
Malte Munich escuro	453 g	
Malte Carafa III	226 g	
Malte Caramunich	226 g	
TEMPO DE BRASSAGEM	1 hora	
PARA A FERVURA	PESO	TEMPO
Perle	28 g	65 minutos
Perle	28 g	Dry hop por 10 dias
DURAÇÃO DA FERVURA	1h05	
LEVEDURA	Bavarian lager—WY-2206	
DENSIDADE FINAL ESPERADA	1014	
ABV ESTIMADO	4,8%	

DUNKEL

Com o significado de cerveja "escura", a Dunkel é uma bebida encorpada, com um final de nozes fantástico.

DENSIDADE ORIGINAL	1048	
ÁGUA	23 litros	
GRÃOS DO MOSTO	PESO	
Malte de trigo alemão	1,7 kg	
Malte 2-row Pilsen alemão	1,3 kg	
Malte Vienna	680 g	
Malte Munich	453 g	
Malte Caramunich	285 g	
Malte chocolate	27 g	
TEMPO DE BRASSAGEM	1 hora	
PARA A FERVURA	PESO	TEMPO
Tettnanger	40 g	60 minutos
Hallertau Hersbrucker	8 g	15 minutos finais
Whirlfloc	1 pastilha	15 minutos finais
DURAÇÃO DA FERVURA	1 hora	
LEVEDURA	Bavarian wheat—WY-3638	
DENSIDADE FINAL ESPERADA	1010	
ABV ESTIMADO	5%	

KELLERBIER

Essa cerveja é servida antes do jantar para abrir o apetite. Seu nome significa "cerveja de adega", e ela é bem aromatizada com lúpulos de aroma, enquanto o malte caramelizado lhe dá uma linda cor âmbar. Normalmente seria maturada em barril de madeira sem batoque, caracteristicamente com pouquíssima efervescência, e por isso não forma colarinho quando é despejada no copo.

DENSIDADE ORIGINAL	1051	
ÁGUA	23 litros	
GRÃOS DO MOSTO	PESO	
Malte 2-row Pilsen alemão	3,6 kg	
Malte Munich	1,8 kg	
Malte chocolate	113 g	
TEMPO DE BRASSAGEM	1 hora	
PARA A FERVURA	PESO	TEMPO
Saaz	56 g	75 minutos
Hallertauer Hersbrucker	28 g	10 minutos finais
Whirlfloc	1 pastilha	15 minutos finais
DURAÇÃO DA FERVURA	1h15	
LEVEDURA	German ale-WY-1007	
DENSIDADE FINAL ESPERADA	1013	
ABV ESTIMADO	5,2%	

"Me dê uma mulher que ama cerveja e conquistarei o mundo."
GUILHERME II DA ALEMANHA (1859-1941)

99

100

KÖLSCH

Essa é a versão tedesca da pale ale inglesa. Por tradição produzida em Colônia, é uma das cervejas alemãs mais claras e faz parte do grupo das poucas ales germânicas tradicionais. Aparentemente, Kölsch é o único idioma que se pode beber – "Kölsch" é a palavra que designa o dialeto falado em Köln (Colônia, em alemão). Cerveja sutil e delicada, é maravilhosa para brindar o verão.

DENSIDADE ORIGINAL	1046	
ÁGUA	23 litros	
GRÃOS DO MOSTO	**PESO**	
Malte de trigo alemão	1,1 kg	
Malte Munich	1,1 kg	
Malte 2-row Pilsen alemão	1 kg	
Malte Vienna	1 kg	
Malte Carapils	935 g	
TEMPO DE BRASSAGEM	1 hora	
PARA A FERVURA	**PESO**	**TEMPO**
Tettnanger	28 g	60 minutos
Hallertauer	14 g	30 minutos finais
Saaz (Rep. Tcheca)	14 g	5 minutos finais
Saaz (Rep. Tcheca)	14 g	1 minuto final
Hallertauer	14 g	1 minuto final
Whirlfloc	1 pastilha	15 minutos finais
DURAÇÃO DA FERVURA	1 hora	
LEVEDURA	Kölsch-WY-2565	
DENSIDADE FINAL ESPERADA	1008	
ABV ESTIMADO	5,1%	

HEFEWEIZEN

De estilo normalmente encorpado, frutado e doce, a Hefeweizen é levemente lupulada e leva quantidades iguais de maltes de cevada e de trigo. Nela, você pode perceber um sedimento de levedura, por isso despeje-a no copo com cuidado, a menos que goste da turbidez criada pela levedura. Trata-se de uma cerveja de fermentação alta e de condicionamento em garrafa.

DENSIDADE ORIGINAL	1048	
ÁGUA	23 litros	
GRÃOS DO MOSTO	PESO	
Malte Pilsen alemão	2,5 kg	
Malte de trigo alemão	2,5 kg	
TEMPO DE BRASSAGEM	1 hora	
PARA A FERVURA	PESO	TEMPO
Hallertauer Hersbrucker	35 g	60 minutos
Hallertauer Hersbrucker	7 g	15 minutos finais
Hallertauer Hersbrucker	14 g	5 minutos finais
Whirlfloc	1 pastilha	15 minutos finais
DURAÇÃO DA FERVURA	1 hora	
LEVEDURA	Weihenstephan Weizen-WY-3068	
DENSIDADE FINAL ESPERADA	1008	
ABV ESTIMADO	5,2%	

FIQUE SABENDO

Cervejas de trigo como a Hefeweizen eram originalmente proibidas pela Lei da Pureza da Cerveja alemã porque continham ingredientes além da cevada maltada, dos lúpulos e da água.

OKTOBERFEST

Criada na Baviera, essa é uma adaptação da lager vienense com teor alcoólico mais alto, resultando num perceptível (mesmo que baixo) amargor de lúpulo. Tradicionalmente produzida em março, é maturada em adegas a fim de ficar pronta para o festival de outono, conhecido como Oktoberfest, realizado no fim de setembro em Munique, a capital bávara. Desde a sua criação, em 1810, esse festival é uma data importante do calendário alemão.

DENSIDADE ORIGINAL	1058	
ÁGUA	23 litros	
GRÃOS DO MOSTO	PESO	
Malte Vienna	3,6 kg	
Malte Munich	453 g	
Malte caramelo	226 g	
Malte Pilsen	226 g	
TEMPO DE BRASSAGEM	1 hora	
PARA A FERVURA	PESO	TEMPO
Tettnanger	28 g	60 minutos
Saaz	28 g	30 minutos finais
Whirlfloc	1 pastilha	15 minutos finais
DURAÇÃO DA FERVURA	1 hora	
LEVEDURA	Octoberfest lager blend—WY-2633	
DENSIDADE FINAL ESPERADA	1015	
ABV ESTIMADO	5,7%	

105

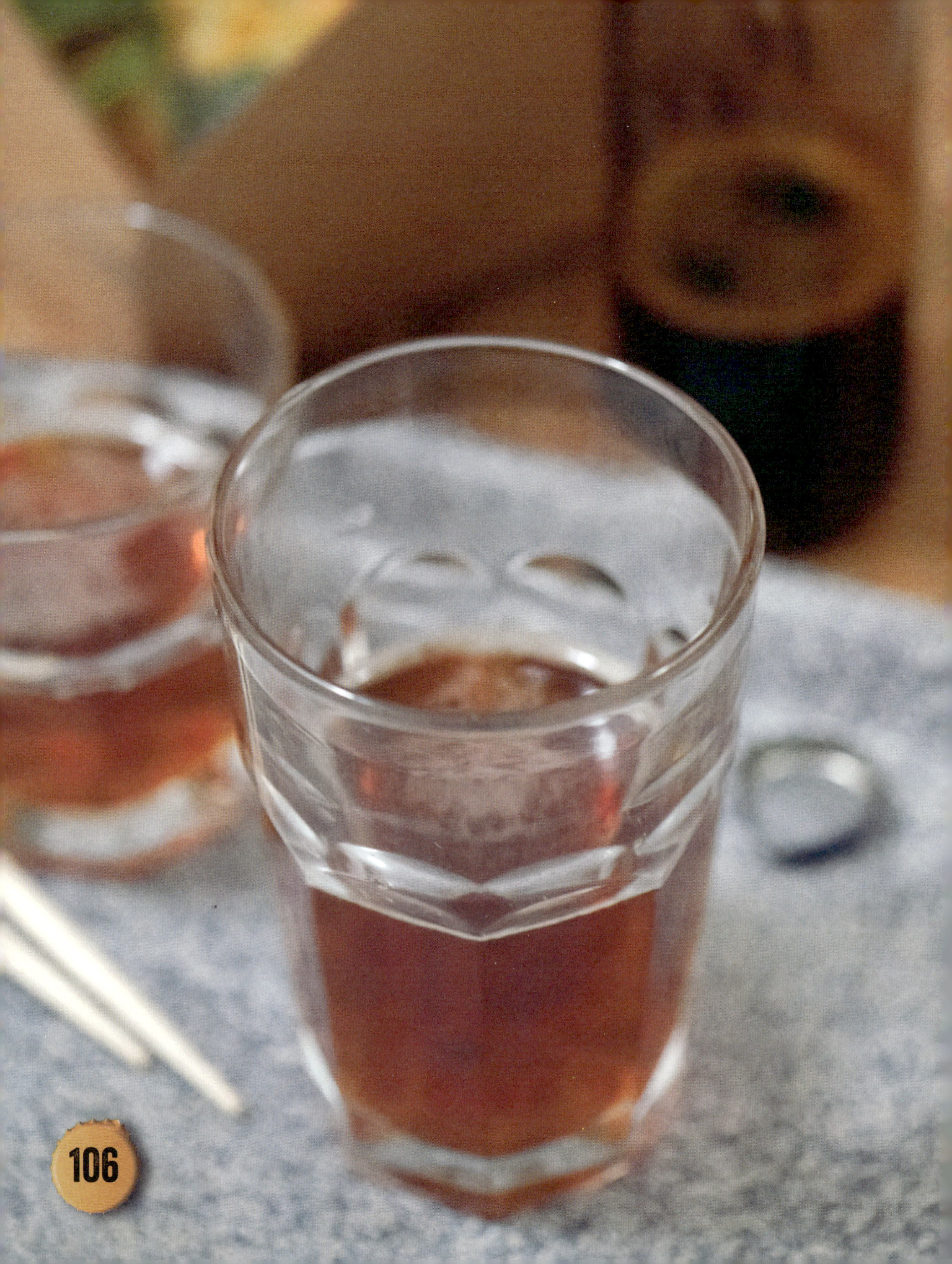

CAPÍTULO 4
CERVEJAS AMERICANAS

PALE ALE
É um dos estilos mais populares do mundo, com alta proporção de maltes pale, resultando em uma cor mais clara.

DENSIDADE ORIGINAL	1045	
ÁGUA	23 litros	
GRÃOS DO MOSTO	PESO	
Malte 2-row pale	3,8 kg	
Malte Carapils	226 g	
Malte crystal claro	226 g	
TEMPO DE BRASSAGEM	1 hora	
PARA A FERVURA	PESO	TEMPO
Amarillo	14 g	60 minutos
Amarillo	14 g	15 minutos finais
Citra	28 g	15 minutos finais
Amarillo	28 g	1 minuto final
Citra	28 g	1 minuto final
Amarillo	28 g	Dry hop por 14 dias
Whirlfloc	1 pastilha	15 minutos finais
DURAÇÃO DA FERVURA	1 hora	
LEVEDURA	American ale-WY-1056	
DENSIDADE FINAL ESPERADA	1010	
ABV ESTIMADO	4,5%	

STEAM BEER

O nome "cerveja de vapor" é incompreensível por não ter origem definida. Alguns dizem que surgiu porque essa variedade era feita com leveduras lager em temperatura alta, tornando-a tão efervescente que era preciso liberar o vapor! Outros sugerem que era uma variante da germânica "Dampfbier", talvez usada por cervejeiros americanos descendentes de alemães. Antes conhecida por ser barata e de baixa qualidade, foi reinventada como cerveja artesanal.

DENSIDADE ORIGINAL	1049	
ÁGUA	23 litros	
GRÃOS DO MOSTO	PESO	
Malte pale ale	4,5 kg	
Malte caramelo	136 g	
Malte Carapils	123 g	
TEMPO DE BRASSAGEM	1 hora	
PARA A FERVURA	PESO	TEMPO
Northern Brewer	38 g	60 minutos
Northern Brewer	13 g	15 minutos finais
Northern Brewer	17 g	5 minutos finais
Whirlfloc	1 pastilha	15 minutos finais
DURAÇÃO DA FERVURA	1 hora	
LEVEDURA	California lager—WY-2112	
DENSIDADE FINAL ESPERADA	1015	
ABV ESTIMADO	4,5%	

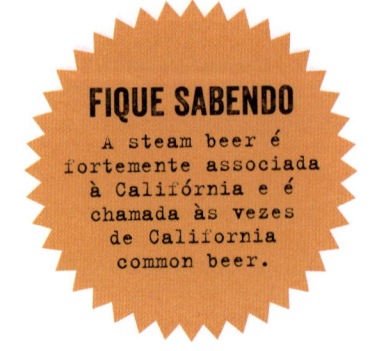

FIQUE SABENDO

A steam beer é fortemente associada à Califórnia e é chamada às vezes de California common beer.

"Acredito firmemente nas pessoas. Se lhes derem a verdade, pode-se contar com elas para enfrentar qualquer crise nacional. A grande questão é entregar-lhes os fatos reais... e cerveja."
ABRAHAM LINCOLN (1809-1865)

FIQUE SABENDO

Na cream ale, pode-se usar mel no lugar de açúcar, mas é preciso adicioná-lo fora do fogo depois do estágio de fervura.

CREAM ALE

Ale leve e viva, é perfeita para beber no verão. Alguns tipos de cream ales têm caráter bem lupulado. Curiosamente, essa variedade de cerveja já foi proibida nos Estados Unidos e vinha em duas versões distintas: dark common beer e regular common beer. Agora ela é condicionada a frio para realçar seu final agradavelmente limpo.

DENSIDADE ORIGINAL	1051	
ÁGUA	23 litros	
GRÃOS DO MOSTO	PESO	
Malte Pilsen	1,5 kg	
Malte 2-row pale	1,5 kg	
Flocos de milho	227 g	
Açúcar	227 g	
TEMPO DE BRASSAGEM	1h15	
PARA A FERVURA	PESO	TEMPO
Liberty	23 g	60 minutos
Liberty	8 g	1 minuto final
Whirlfloc	1 pastilha	15 minutos finais
DURAÇÃO DA FERVURA	1 hora	
LEVEDURA	American ale—WY-1056	
DENSIDADE FINAL ESPERADA	1010	
ABV ESTIMADO	5,4%	

MILK STOUT

Doce e macia, é uma ótima introdução ao mundo das cervejas mais pesadas, como as stouts e as porters tradicionais. Não se engane com o nome, ela não contém leite, mas adiciona-se lactose (o açúcar encontrado no leite) no fim do estágio de fervura. Você vai descobrir que a lactose atenua o amargor típico de muitas stouts e porters, proporcionando uma cerveja deliciosamente harmoniosa.

DENSIDADE ORIGINAL	1062	
ÁGUA	23 litros	
GRÃOS DO MOSTO	PESO	
Malte 2-row pale	3 kg	
Cevada torrada	460 g	
Malte crystal médio	340 g	
Malte chocolate	340 g	
Malte Munich	340 g	
Cevada em flocos	283 g	
Aveia em flocos	226 g	
TEMPO DE BRASSAGEM	1h30	
PARA A FERVURA	PESO	TEMPO
Magnum	10 g	60 minutos
Goldings	28 g	10 minutos finais
Whirlfloc	1 pastilha	15 minutos finais
Lactose	460 g	10 minutos finais
DURAÇÃO DA FERVURA	1 hora	
LEVEDURA	Irish ale—WY-1084	
DENSIDADE FINAL ESPERADA	1022	
ABV ESTIMADO	5%	

113

"A cerveja é a prova de que Deus nos ama e quer que sejamos felizes."
BENJAMIN FRANKLIN (1706-1790)

FIQUE SABENDO
Para manter baixo o custo da produção da pale lager, use adjuntos como milho e arroz, embora algumas pale lagers não contenham adjuntos e apresentem um nível mais alto de malte e lúpulo.

DOUBLE STOUT

Encorpadas e saborosas, as American double stouts marcam presença pelo teor alcoólico e pelo paladar.

DENSIDADE ORIGINAL	1123	
ÁGUA	23 litros	
GRÃOS DO MOSTO	PESO	
Malte crystal escuro	1,8 kg	
Malte chocolate	910 g	
Trigo torrado	453 g	
Malte crystal escuro	453 g	
Malte patent escuro	226 g	[Não se encontra facilmente no Brasil; consulte a p. 21]
Malte chocolate claro	226 g	
Malte café	226 g	
TEMPO DE BRASSAGEM	1h30	
PARA A FERVURA	PESO	TEMPO
Northern Brewer	28 g	60 minutos
Williamette	28 g	15 minutos finais
Whirlfloc	1 pastilha	15 minutos finais
DURAÇÃO DA FERVURA	1 hora	
LEVEDURA	American ale—WY-1056	
DENSIDADE FINAL ESPERADA	1032	
ABV ESTIMADO	12%	

PALE LAGER

Feitas só de cevada maltada, as pale lagers americanas têm sabor maltado mais forte do que as feitas com arroz ou milho.

DENSIDADE ORIGINAL	1050	
ÁGUA	23 litros	
GRÃOS DO MOSTO	PESO	
Malte 2-row pale	4 kg	
Malte crystal escuro	311 g	
Malte Carapils	57 g	
TEMPO DE BRASSAGEM	1 hora	
PARA A FERVURA	PESO	TEMPO
Columbus	24 g	85 minutos
Cascade	21 g	30 minutos finais
Cascade	23 g	5 minutos finais
Cascade	23 g	ao desligar o fogo
Whirlfloc	1 pastilha	15 minutos finais
Cascade	14 g	Dry hop após 5 dias de fermentação
DURAÇÃO DA FERVURA	1h25	
LEVEDURA	American lager—WY-2035	
DENSIDADE FINAL ESPERADA	1010	
ABV ESTIMADO	5,5%	

AMBER ALE

As amber ales americanas têm sabor caramelizado mais forte e são mais escuras do que as pale ales.

DENSIDADE ORIGINAL	1047	
ÁGUA	23 litros	
GRÃOS DO MOSTO	PESO	
Malte 2-row pale	2,4 kg	
Malte caramelo	1 kg	
Malte Munich	910 g	
Malte biscuit	226 g	
Malte de trigo	113 g	
TEMPO DE BRASSAGEM	1 hora	
PARA A FERVURA	PESO	TEMPO
Amarillo	28 g	60 minutos
Centennial	14 g	15 minutos finais
DURAÇÃO DA FERVURA	1 hora	
LEVEDURA	American ale—WY-1056	
DENSIDADE FINAL ESPERADA	1012	
ABV ESTIMADO	4,6%	

▶ GOLDEN ALE

Como o nome sugere, uma golden ale americana terá cor dourada. De corpo, é mais leve do que as pale ales típicas.

DENSIDADE ORIGINAL	1059	
ÁGUA	23 litros	
GRÃOS DO MOSTO	PESO	
Malte 2-row	2,3 kg	
Malte Pilsen	1,8 kg	
Malte Munich	907 g	
TEMPO DE BRASSAGEM	1 hora	
PARA A FERVURA	PESO	TEMPO
Cascade	14 g	60 minutos
Cascade	35 g	30 minutos finais
Williamette	28 g	20 minutos finais
Amarillo	28 g	10 minutos finais
Williamette	7 g	10 minutos finais
Whirlfloc	1 pastilha	15 minutos finais
DURAÇÃO DA FERVURA	1 hora	
LEVEDURA	American ale II—WY-1272	
DENSIDADE FINAL ESPERADA	1015	
ABV ESTIMADO	5,9%	

117

FIQUE SABENDO

Os lúpulos Cascade presentes na IPA de verão ajudam a lhe conferir o frescor do sabor cítrico que lembra grapefruit. Essa é uma cerveja perfeita para relaxar no verão.

IPA DE VERÃO

Cobre na cor e explosiva nos aromas e sabores cítricos, essa é uma bebida que mata a sede no verão.

DENSIDADE ORIGINAL	1066	
ÁGUA	23 litros	
GRÃOS DO MOSTO	PESO	
Malte 2-row pale	6 kg	
Malte crystal médio	226 g	
Malte Carapils	226 g	
TEMPO DE BRASSAGEM	1 hora	
PARA A FERVURA	PESO	TEMPO
Magnum	14 g	60 minutos
Williamette	14 g	45 minutos finais
Cascade	28 g	20 minutos finais
Amarillo	28 g	10 minutos finais
Amarillo	28 g	5 minutos finais
Cascade	28 g	5 minutos finais
Amarillo	28 g	Ao desligar o fogo
Whirlfloc	1 pastilha	15 minutos finais
DURAÇÃO DA FERVURA	1 hora	
LEVEDURA	American ale—WY-1056	
DENSIDADE FINAL ESPERADA	1012	
ABV ESTIMADO	7,1%	

STRONG ALE

O alto teor alcoólico é uma das características do estilo strong ale americano.

DENSIDADE ORIGINAL	1103	
ÁGUA	23 litros	
GRÃOS DO MOSTO	PESO	
Malte 2-row pale	8,2 kg	
Malte special B	566 g	
Malte honey	340 g	
Malte de trigo	340 g	
Malte 2-row escuro	340 g	[Não se encontra facilmente no Brasil; consulte a p. 21]
TEMPO DE BRASSAGEM	1h30	
PARA A FERVURA	PESO	TEMPO
Chinook	28 g	60 minutos
Perle	28 g	30 minutos finais
Williamette	56 g	1 minuto final
Whirlfloc	1 pastilha	15 minutos finais
DURAÇÃO DA FERVURA	1 hora	
LEVEDURA	American ale—WY-1056	
DENSIDADE FINAL ESPERADA	1020	
ABV ESTIMADO	11%	

BOURBON BEER

O gosto de cerveja é bom e o de bourbon também, então por que não combinar dois grandes prazeres numa bebida deliciosa? A versão comercial dessa cerveja usa barris de uísque para conferir o sabor de bourbon. Não é muito comum os cervejeiros artesanais possuírem um em casa, mas chips de carvalho francês embebidos em bourbon darão à bebida aquele sabor amadeirado familiar.

DENSIDADE ORIGINAL	1071	
ÁGUA	23 litros	
GRÃOS DO MOSTO	PESO	
Malte 2-row	2,7 kg	
Malte Pilsen	2,7 kg	
Malte biscuit	226 g	
Malte crystal médio	453 g	
Malte honey	226 g	
Açúcar mascavo	453 g	
TEMPO DE BRASSAGEM	1 hora	
PARA A FERVURA	PESO	TEMPO
Centennial	9 g	60 minutos
Chinook	7 g	45 minutos finais
Amarillo	14 g	30 minutos finais
Liberty	28 g	15 minutos finais
Nugget	14 g	15 minutos finais
Cascade	14 g	2 minutos finais
Whirlfloc	1 pastilha	15 minutos finais
Cascade	28 g	Dry hop
Chips de carvalho francês	56 g	14 dias na maturação
DURAÇÃO DA FERVURA	1 hora	
LEVEDURA	California lager—WY-2112	
DENSIDADE FINAL ESPERADA	1020	
TARGET ABV	6,7%	

FIQUE SABENDO
É preciso deixar os chips de carvalho francês de molho em bourbon por dois meses antes de começar a receita, adicionando 28 g de lúpulo Columbus três semanas antes de utilizá-los na cerveja.

CASCADE ALE

Esse nome deriva de um tipo de lúpulo que fornece sabores cítricos e de grapefruit.

DENSIDADE ORIGINAL	1045	
ÁGUA	23 litros	
GRÃOS DO MOSTO	PESO	
Malte Pilsen	5 kg	
Trigo não maltado	226 g	
TEMPO DE BRASSAGEM	1 hora	
PARA A FERVURA	PESO	TEMPO
Cascade	15 g	60 minutos
Saaz	15 g	30 minutos finais
Cascade	31 g	30 minutos finais
Saaz	15 g	1 minuto final
Whirlfloc	1 pastilha	15 minutos finais
DURAÇÃO DA FERVURA	1 hora	
LEVEDURA	Belgian Ardennes-WY-3522	
DENSIDADE FINAL ESPERADA	1010	
ABV ESTIMADO	4,6%	

▶ CITRA ESPECIAL

Entregue-se aos aromas e sabores de frutas exóticas transmitidos pelo lúpulo Citra a essa cerveja especial.

DENSIDADE ORIGINAL	1045	
ÁGUA	23 litros	
GRÃOS DO MOSTO	PESO	
Malte 2-row pale	3,8 kg	
Malte Carapils	226 g	
Malte crystal claro	226 g	
TEMPO DE BRASSAGEM	1 hora	
PARA A FERVURA	PESO	TEMPO
Citra	14 g	60 minutos
Citra	14 g	15 minutos finais
Citra	28 g	15 minutos finais
Amarillo	28 g	1 minuto final
Citra	28 g	1 minuto final
Whirlfloc	1 pastilha	15 minutos finais
Citra	28 g	dry hop por 14 dias
DURAÇÃO DA FERVURA	1 hora	
LEVEDURA	American ale-WY-1056	
DENS. FINAL ESPERADA	1010	
ABV ESTIMADO	4,05%	

123

FIQUE SABENDO
Use morangos congelados e beba sua cerveja de morango logo, porque o sabor da fruta se perderá com o tempo.

CAPÍTULO 5
CERVEJAS DE FRUTAS

CERVEJA DE MORANGO

Nos últimos anos, houve uma explosão de interesse em cervejas com sabor de frutas. Uma das mais populares é a de morango. É preciso adicionar uma boa quantidade de fruta a essa cerveja belga, mas isso ocorre na segunda fermentação ou na maturação. O resultado é surpreendente, considerando-se a potência. Ela deve ter aroma de morango, cor rosada e um colarinho que desaparece quando é servida.

DENSIDADE ORIGINAL	1048	
ÁGUA	23 litros	
GRÃOS DO MOSTO	PESO	
Trigo não maltado	2,48 kg	
Malte Pilsen	2,48 kg	
TEMPO DE BRASSAGEM	1 hora	
PARA A FERVURA	PESO	TEMPO
Fuggles	31 g	90 minutos
Whirlfloc	1 pastilha	15 minutos finais
Morango congelado (previamente descongelado e escorrido)	4,53 kg	Na fermentação secundária ou maturação
DURAÇÃO DA FERVURA	1h30	
LEVEDURA	Belgian wheat—WY-3942	
DENSIDADE FINAL ESPERADA	1013	
ABV ESTIMADO	4,8%	

CERVEJA DE FRAMBOESA

Você deve obter um aroma frutado sem perturbar o equilíbrio e a cor rubi da cerveja.

DENSIDADE ORIGINAL	1055
ÁGUA	23 litros

GRÃOS DO MOSTO	PESO
Malte Pilsen	2,49 kg
Malte de trigo	2,49 kg
Aveia em flocos	226 g

TEMPO DE BRASSAGEM	1 hora

PARA A FERVURA	PESO	TEMPO
Hallertau	28 g	60 minutos
Whirlfloc	1 pastilha	15 minutos finais
Framboesa congelada (previamente descongelada e escorrida)	1,13 kg	Na fermentação secundária ou maturação

DURAÇÃO DA FERVURA	1 hora
LEVEDURA	American ale—WY-1056
DENSIDADE FINAL ESPERADA	1005
ABV ESTIMADO	6,6%

CERVEJA DE MARACUJÁ

Frutada e tropical no aroma, é perigosamente fácil de beber e macia na boca.

DENSIDADE ORIGINAL	1048
ÁGUA	23 litros

GRÃOS DO MOSTO	PESO
Malte de trigo	2 kg
Malte 2-row	1,6 kg
Trigo não maltado	450 g
Malte Munich	225 g
Palha de arroz	225 g

TEMPO DE BRASSAGEM	1 hora

PARA A FERVURA	PESO	TEMPO
Hallertauer	14 g	60 minutos
Mt. Hood	14 g	40 minutos finais
Amarillo	14 g	5 minutos finais
Purê de maracujá	475 ml	5 minutos finais
Purê de manga	950 ml	5 minutos finais
Whirlfloc	1 pastilha	15 minutos finais

DURAÇÃO DA FERVURA	1 hora
LEVEDURA	American ale—WY-1056
DENS. FINAL ESPERADA	1008
ABV ESTIMADO	5,2%

FIQUE SABENDO

Ao fazer a cerveja de framboesa, trasfegue a cerveja sobre as frutas para a segunda fermentação (ou maturação) e garanta que elas ainda estejam bem geladas. Assim você não precisa se preocupar com leveduras selvagens.

FIQUE SABENDO

Na cerveja de cereja, é preciso pectolase para impedir que fique gelatinosa e também para clarear o produto final.

CERVEJA DE CEREJA

Use cerejas morello normais; a "krieken", cereja belga tradicional, é difícil de encontrar.

DENSIDADE ORIGINAL	1062	
ÁGUA	23 litros	
GRÃOS DO MOSTO	PESO	
Malte lager	2,3 kg	
Malte de trigo	2,2 kg	
TEMPO DE BRASSAGEM	1 hora	
PARA A FERVURA	PESO	TEMPO
Northern Brewer	22 g	90 minutos
Cereja morello	4 kg	5 minutos
Whirlfloc	1 pastilha	15 minutos finais
Pectolase (também conhecida como pectinase)	20 g	No fermentador
DURAÇÃO DA FERVURA	1h30	
LEVEDURA	Belgian strong ale—WY-1388	
DENSIDADE FINAL ESPERADA	1015	
ABV ESTIMADO	6,3%	

CERVEJA DE FIGO

Saborosos, os figos são menos ácidos do que as frutas vermelhas. Varie com tâmaras, passas e um pouco de baunilha.

DENSIDADE ORIGINAL	1062	
ÁGUA	23 litros	
GRÃOS DO MOSTO	PESO	
Malte pale	4,5 kg	
Malte Carapils	113 g	
TEMPO DE BRASSAGEM	1h30	
PARA A FERVURA	PESO	TEMPO
Amarillo	15 g	60 minutos
Whirlfloc	1 pastilha	15 minutos finais
Purê de figo	3,15 kg	No fermentador secundário ou maturador, por 7 dias
DURAÇÃO DA FERVURA	1 hora	
LEVEDURA	Irish ale—WY-1084	
DENSIDADE FINAL ESPERADA	1010	
ABV ESTIMADO	6,8%	

CERVEJA DE PÊSSEGO

Usar a fruta, em vez do suco, faz diferença. Tente adicionar gengibre ralado ao fermentador secundário.

DENSIDADE ORIGINAL	1065
ÁGUA	23 litros

GRÃOS DO MOSTO	PESO	
Malte pale ale	2,72 kg	
Malte de trigo	2,72 kg	
Malte caramel amber	453 g	[Não se encontra facilmente no Brasil; consulte a p. 21]
Malte chocolate	113 g	

TEMPO DE BRASSAGEM	1 hora

PARA A FERVURA	PESO	TEMPO
Chinook	14 g	60 minutos
Chinook	14 g	45 minutos finais
Amarillo	14 g	30 minutos finais
Cascade	14 g	15 minutos finais
Mt.Hood	14 g	No fim da fervura
Pêssego congelado (previamente descongelado e escorrido)	1,8 kg	Adicione na fermentação secundária ou maturação
Whirlfloc	1 pastilha	15 minutos finais
Amarillo	28 g	Dry hop por 7 dias

DURAÇÃO DA FERVURA	1 hora
LEVEDURA	American ale-WY-1056
DENSIDADE FINAL ESPERADA	1011
ABV ESTIMADO	7,1%

STOUT COM AMORA

Stout intensa, ligeiramente amendoada, com aromas de amora e café. Atinge seu apogeu em 4-6 semanas.

DENSIDADE ORIGINAL	1045
ÁGUA	23 litros

GRÃOS DO MOSTO	PESO
Malte pale ale	4,45 kg
Cevada torrada	465 g

TEMPO DE BRASSAGEM	1 hora

PARA A FERVURA	PESO	TEMPO
Target (Reino Unido)	25 g	90 minutos
Golding (Reino Unido)	12 g	10 minutos finais
Whirlfloc	1 pastilha	15 minutos finais
Amora congelada (previamente descongelada e escorrida)	1,18 kg	Adicione na fermentação secundária ou na maturação

DURAÇÃO DA FERVURA	1h30
LEVEDURA	London ale-WY-1028
DENS. FINAL ESPERADA	1011
ABV ESTIMADO	4,5%

131

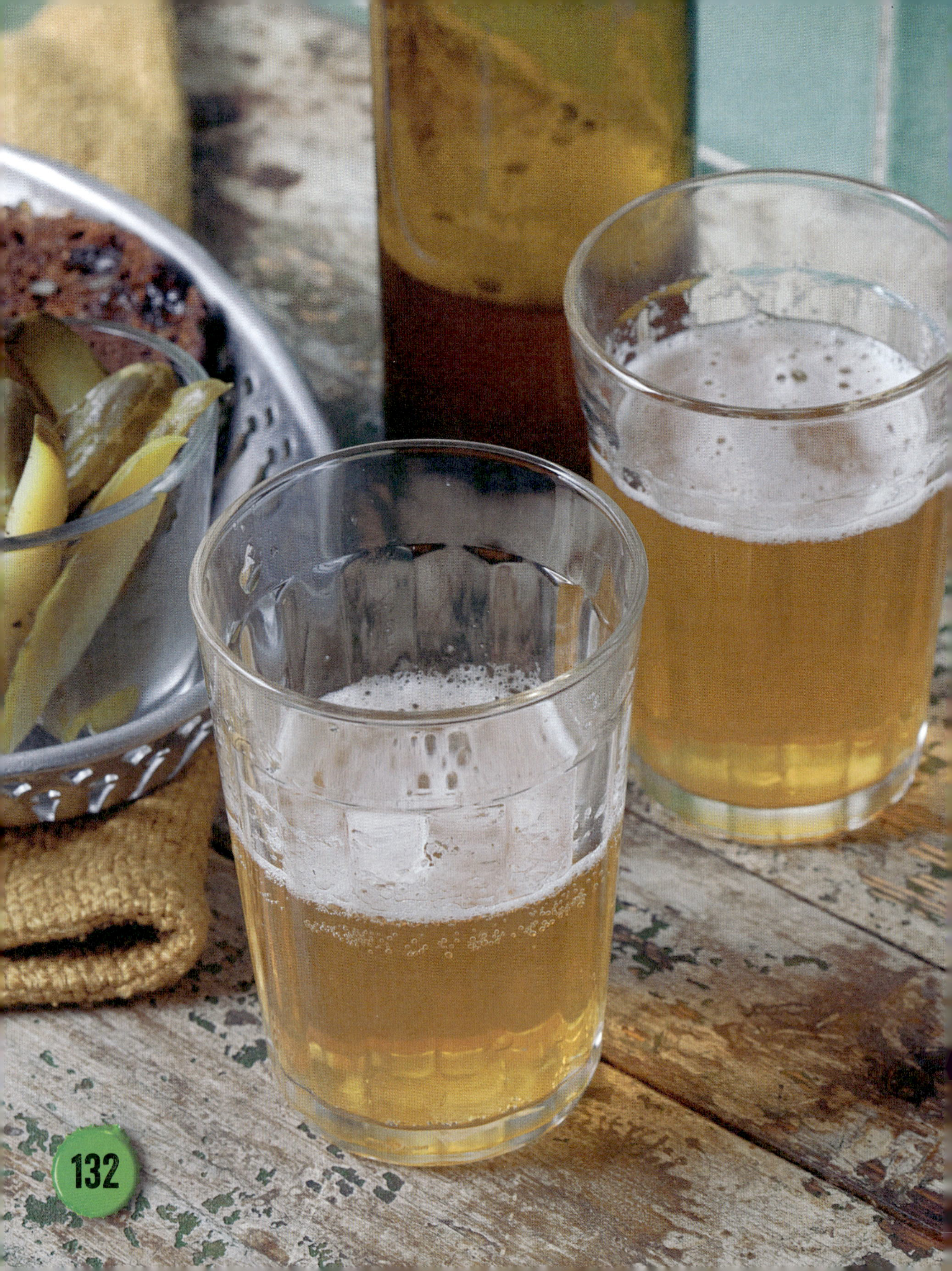

CAPÍTULO 6
CERVEJAS DO RESTO DO MUNDO

PILSENER

A Bohemian pilsener surgiu na República Tcheca. Produzida pela primeira vez em 1842, na cidade de Pilsen, ela foi rapidamente adaptada pelos cervejeiros alemães, que criaram seu estilo próprio. Essa pilsener em particular deve ter uma cor ouro pálida, ser bem amarga e apresentar uma presença claramente perceptível de lúpulo. Ao bebê-la, saboreie a secura do final.

DENSIDADE ORIGINAL	1045	
ÁGUA	23 litros	
GRÃOS DO MOSTO	PESO	
Malte Pilsen	4,75 kg	
TEMPO DE BRASSAGEM	1h30	
PARA A FERVURA	PESO	TEMPO
Hallertauer	23 g	90 minutos
Tettnanger	20 g	10 minutos finais
Whirlfloc	1 pastilha	15 minutos finais
DURAÇÃO DA FERVURA	1h30	
LEVEDURA	Czech Pils-WY-2278	
DENSIDADE FINAL ESPERADA	1011	
ABV ESTIMADO	4,5%	

VIENNA LAGER

Desenvolvida originalmente em Viena, em 1841, essa lager tem cor que vai do âmbar ao cobre e apresenta um equilíbrio de lúpulo ligeiramente amargo. A presença dos maltes Vienna e Munich a torna mais escura do que as lagers de outros estilos. Ela é vendida também com outro nome, amber lager, que é apenas sua versão global e permite a variação das proporções de malte e lúpulos.

DENSIDADE ORIGINAL	1049	
ÁGUA	23 litros	
GRÃOS DO MOSTO	PESO	
Malte Vienna	4,7 kg	
Malte Munich	580 g	
Malte black	50 g	
TEMPO DE BRASSAGEM	1h30	
PARA A FERVURA	PESO	TEMPO
Tettnanger	40 g	90 minutos
Saaz	10 g	30 minutos finais
Whirlfloc	1 pastilha	15 minutos finais
DURAÇÃO DA FERVURA	1h30	
LEVEDURA	Munich Lager-WY-2308	
DENSIDADE FINAL ESPERADA	1012	
ABV ESTIMADO	5%	

135

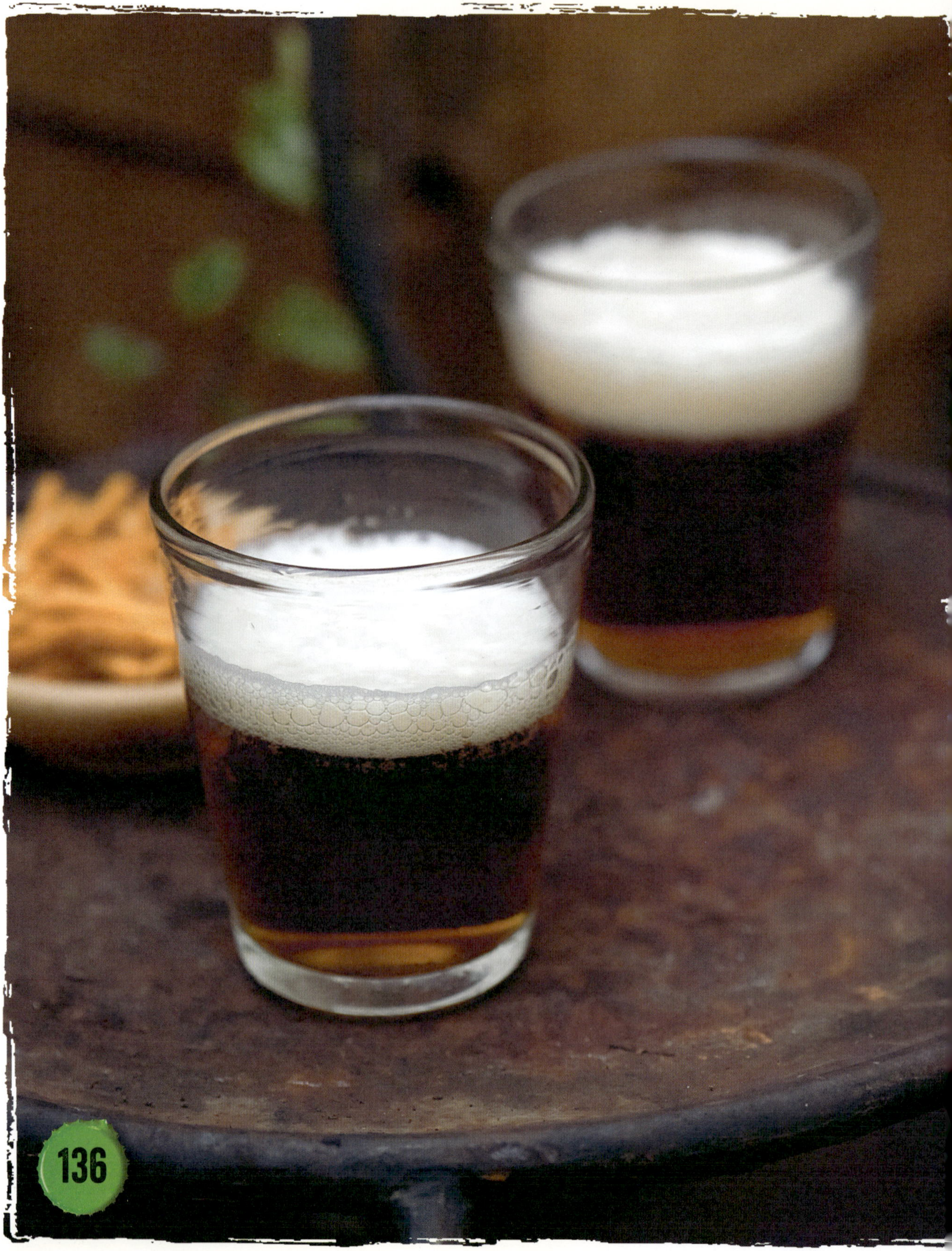

JADE ALE NEOZELANDESA

Ale saborosa e de corpo médio, sua cor vai variar de vermelho a marrom em diversos tons. Como na imperial red ale, a receita carrega bastante nos lúpulos. A cerveja deve desenvolver uma boa estrutura maltada além de um bom aroma de lúpulo. Se achar que não está suficientemente lupulada, tente adicionar mais 14 g do lúpulo Pacific Jade, 5 minutos antes do fim da fervura.

DENSIDADE ORIGINAL	1050	
ÁGUA	23 litros	
GRÃOS DO MOSTO	PESO	
Malte pale	2,5 kg	
Malte Munich	900 g	
Malte biscuit	226 g	
Malte de trigo	113 g	
TEMPO DE BRASSAGEM	1h30	
PARA A FERVURA	PESO	TEMPO
Pacific Jade	28 g	60 minutos
Pacific Jade	14 g	15 minutos finais
Whirlfloc	1 pastilha	15 minutos finais
DURAÇÃO DA FERVURA	1 hora	
LEVEDURA	American ale—WY-1056	
DENSIDADE FINAL ESPERADA	1012	
ABV ESTIMADO	5%	

> "O álcool é necessário para o homem para que ele tenha uma boa opinião sobre si mesmo, sem a interferência dos fatos."
> ANÔNIMO

BOKKØL

Essa lager forte e escura é também abençoada com uma forte presença caramelizada no sabor. Trata-se de uma excelente escolha para servir com pratos doces ou sobremesas no fim da refeição, talvez como alternativa ao vinho do Porto ou Madeira. Era produzida tradicionalmente no outono e depois estocada em barris para ser bebida na primavera seguinte. Ao servi-la, você notará o colarinho delicado. Deve agradar tanto aos olhos quanto ao paladar.

DENSIDADE ORIGINAL	1062	
ÁGUA	23 litros	
GRÃOS DO MOSTO	PESO	
Malte Pilsen	2,7 kg	
Malte Munich claro	1,4 kg	
Malte Carapils	226 g	
Malte crystal claro	453 g	
TEMPO DE BRASSAGEM	1h30	
PARA A FERVURA	PESO	TEMPO
Perle	30 g	60 minutos
Tettnanger	28 g	20 minutos finais
Hallertauer	28 g	15 minutos finais
Semente de cominho moída	1 colher (chá)	15 minutos finais
Whirlfloc	1 pastilha	15 minutos finais
DURAÇÃO DA FERVURA	1 hora	
LEVEDURA	Bohemian lager-WY-2124	
DENSIDADE FINAL ESPERADA	1011	
ABV ESTIMADO	7%	

139

GLOSSÁRIO

Adjunto Ingrediente fermentável não enzimático. São adjuntos: cereais não maltados, como cevada em flocos ou quirera de milho, xaropes e açúcares.

Água com gipsita Veja Água de Burton.

Água de Burton Água dura da cidade de Burton-on-Trent, no centro da Inglaterra, considerada superior para a produção de cerveja. (Usa-se sulfato de cálcio para criar a mesma dureza.)

Água inicial Água aquecida em temperatura correta para ser adicionada ao grist.

Aldeído Composto químico precursor do álcool. Em alguns casos, o álcool pode ser oxidado em aldeídos, criando sabores indesejados.

Alfa ácidos (AA) Medida de lúpulo que quantifica o volume de ácidos alfa (agentes do amargor) a ser atingido pela cerveja antes da fermentação. Igual ao peso do lúpulo em onças multiplicado pela porcentagem de ácidos alfa.

Ale Cerveja produzida com levedura de alta fermentação, passando por uma fermentação de mosto relativamente curta.

Amilase Grupo das enzimas que convertem amido em açúcares, consistindo primariamente em amilases alfa e beta. Também conhecidas como enzimas diastáticas.

Atenuação Grau de conversão de açúcar em álcool e dióxido de carbono.

Bag-in-box Recipiente com capacidade para até 20,5 litros.

Brassagem Etapa em que grãos moídos e maltados são misturados com água quente e mantidos em repouso sob temperatura predeterminada.

Caldeirão de brassagem Recipiente em que é feita a brassagem.

Caldeirão de fervura Grande panela em que o mosto é fervido com o lúpulo.

Carboy Um recipiente de vidro, em forma de galão de água, para a fermentação.

Cerveja Qualquer bebida feita por meio da fermentação de malte de cevada e temperada com lúpulo.

Cerveja "brilhante" Cerveja cuja levedura não está mais em suspensão.

Cerveja caseira Cerveja produzida em casa. Daí, cervejeiro caseiro e cervejaria caseira.

Condicionamento na garrafa Processo em que a cerveja é carbonatada com fermentação adicional na garrafa.

Clarificantes Irish moss ou Whirlfloc (ou outros agentes) para clarificar a cerveja.

Copper Outro nome para o caldeirão de fervura, pouco comum no Brasil. Clarificantes de cobre, embora não sejam feitos desse metal, destinam-se a ser usados no caldeirão de fervura.

Cuba de brassagem Pouco comum no Brasil, é um recipiente onde o grist é imerso em água e aquecido para que o amido seja convertido em açúcar e se extraiam os açúcares e outros componentes solúveis.

Densidade A densidade descreve a concentração do açúcar no mosto. A densidade específica da água é 1000 a 15°C. Os mostos de cerveja normalmente variam entre 1035-1055 antes da fermentação. A densidade final da cerveja (FG, de final gravity, em inglês) irá variar de 1005-1015, dependendo da densidade original (OG, de original gravity, em inglês) e do tipo de levedura.

Densidade final (FG) A densidade final vai variar de 1005-1015, dependendo da densidade original (OG) e do tipo da levedura. A densidade do mosto ocorre depois da fermentação.

Densidade original (OG) A densidade do mosto antes que ocorra a fermentação.

Densímetro Instrumento que mede a densidade do líquido em comparação com a densidade da água. É possível determinar a porcentagem de álcool da cerveja pronta ao comparar a densidade original com a densidade final.

Diacetil Subproduto que pode transmitir notas amanteigadas ou caramelizadas. Em quantidade excessiva, é tido como sabor indesejado em qualquer cerveja. E na maioria das lagers é considerado sabor indesejado em qualquer quantidade. Pode também ser causado por contaminação.

Diastática A conversão de amido em açúcares.

Dry hopping (lupulização seca) Adição de lúpulo à cerveja finalizada para conferir aroma e sabor de lúpulo, mas não amargor.

Escoamento A extração do mosto.

Ésteres São compostos com aromas frutados formados a partir do álcool pela ação da levedura.

Fermentação Conversão do mosto em cerveja, no processo pelo qual a levedura transforma os açúcares em álcool e dióxido de carbono.

Fermentação primária Fase de alta atividade marcada pela evolução do dióxido de carbono e de kräusen. Grande parte da atenuação ocorre nessa fase.

Fermentação secundária ou maturação Período de assentamento e condicionamento da cerveja depois da fermentação primária e antes do engarrafamento.

Fermentador Recipiente onde ocorre a fermentação; normalmente, um garrafão de vidro ou um balde de plástico para alimentos com uso na cervejaria artesanal.

Filtro de lúpulo Dispositivo para filtrar os lúpulos e melhorar a clarificação.

Floculação Usada para medir a velocidade em que a levedura assenta no fundo do recipiente de fermentação.

Garrafão Recipiente grande de vidro especificamente projetado para manter o mosto em fermentação e para envelhecer cerveja. A capacidade dos garrafões varia entre 13,6-27,25 litros. Eles são superiores a muitos baldes de plástico para fermentação e envelhecimento porque não retêm nem transferem odores ou sabores.

Gelatina Proteína sem cor nem sabor usada como agente clarificante.

Grist Termo usado para designar o malte moído antes da brassagem.

Gypsum Sulfato de cálcio hidratado usado para tratar água mole ou neutra para torná-la dura.

Ictiocola As nadadeiras claras de uma espécie de peixinho, consistindo principalmente em colágeno, que age para absorver e precipitar as células da levedura por meio da ligação eletrostática.

Ingredientes do mosto Lista dos tipos e quantidades de malte e outros grãos usados na receita da cerveja.

Íon sódio Mineral que contribui para o gosto da cerveja, realçando sua doçura.

Inoculação Adição da levedura ao fermentador.

International Bittering Units (IBU) Unidade-padrão para medir lúpulos. Igual à AA, multiplicada por fatores para porcentagem de utilização, volume e densidade do mosto.

Irish Moss Agente emulsificante que provoca a quebra de proteínas e sua precipitação durante a fervura e o resfriamento.

Kräusen Espuma espessa que se forma no alto da cerveja durante a fermentação primária.

Lauter Filtrar ou separar. Separar o mosto do grão por meio de filtragem e lavagem.

Lavagem Borrifar; enxaguar a cama de grãos durante a filtragem.

Levedura cervejeira Levedura usada ou própria para uso na produção de cerveja; as células pulverizadas dessa levedura (*Saccharomyces cerevisiae*) são usadas especialmente como fonte das vitaminas do complexo B.

Levedura com ativador Uma forma de levedura líquida. Consiste em uma porção de levedura com um lote pequeno de starter dentro. Quando é "amassado", o lote interno se rompe, e a levedura começa a crescer. O lote se expandirá cerca de 5 cm e estará pronto para inoculação em poucos dias.

Lista de brassagem Lista de grãos necessários para uma determinada receita.

Lovibond Escala pela qual a cor do malte e da cerveja são comparados. Quanto mais alta a Lovibond, mais escura é a cor.

Lúpulo de amargor Lúpulo usado no começo da fervura para transmitir amargor. Geralmente não confere muito sabor ou aroma.

Lúpulo de aroma Normalmente adicionado nos últimos 5 minutos da fervura para conferir aroma de lúpulo. Não transmite muito amargor.

Lúpulo de sabor Lúpulo adicionado nos últimos 20 minutos da fervura, que confere sabor e algum aroma à cerveja e produz o assentamento da levedura fora da solução.

Malt liquor Termo legal usado nos Estados Unidos para designar uma bebida fermentada com teor alcoólico relativamente alto (7-8% por volume).

Malte Qualquer grão (centeio, trigo, cevada etc.) que tenha passado pelo processo de maltagem.

Malte-base Malte como o pale que serve como "espinha dorsal" da cerveja, assim como fonte principal de açúcar para a fermentação.

Microcervejarias Cervejarias e estabelecimentos que produzem até 1,5 milhão de litros por ano.

Minikeg Barril pequeno com capacidade para 5 litros.

Mosto Solução açucarada de malte que é fervida com lúpulo antes da fermentação.

Pétillance Leve efervescência.

Priming Método de adição de uma pequena quantidade de açúcar fermentável antes do engarrafamento, com o objetivo de produzir a carbonatação da cerveja.

Tej Hidromel ou vinho de mel que é produzido e consumido na Etiópia. É aromatizado com o pó feito das folhas e ramos de gesho (*Rhamnus prinoides*), um agente semelhante ao lúpulo de amargor, que é uma espécie de baga de espinheiro amarelo.

Trasfega A retirada cuidadosa da cerveja sem levar junto os sedimentos.

Trub Sedimento que fica no fundo do fermentador, consistindo em lúpulos, hot and cold break e levedura latente (às vezes, morta).

Whirlfloc Tipo de clarificante em forma de pastilha. Adicionado no fim da fervura para ajudar a remover a proteína do mosto que causa turbidez na cerveja pronta.

Zymurgy Ciência da produção e fermentação de cerveja.

Abreviações úteis

AA	apparent attenuation (atenuação aparente)
ABV	alcohol by volume (álcool por volume)
ASBC	American Society of Brewing Chemists (Sociedade Americana de Químicos de Cerveja)
CO_2	dióxido de carbono
CRS	carbonate reducing solution (solução redutora de carbonato)
DLS	dry liquor salts
DME	dry malt extract (extrato de malte seco)
EBC	European Brewery Convention (Convenção Cervejeira Europeia)
FG	final gravity (densidade final)
IBU	International Bittering Units (Unidades Internacionais de Amargor)
°L	Lovibond (graus Lovibond)
OG	original gravity (densidade original)
SRM	Standard Reference Method (Método de Referência Padrão)

FORNECEDORES CERVEJEIROS

Algumas lojas também funcionam através de venda física. Consulte os sites para saber os endereços.

Região Nordeste

Cervejando
Porto Seguro-BA
www.cervejando.com

Região Sudeste

ArteBrew
Campinas-SP
www.artebrew.com.br

Brew Head Shop
São Bernardo do Campo-SP
www.brewheadshop.com.br

Brew Market
São Paulo-SP
www.brewmarket.com.br

Cia. da Breja
Guarulhos-SP
www.ciadabreja.com.br

Lupulando
Boituva-SP
www.lupulando.lojaintegrada.com.br

Sinnatrah
São Paulo/SP
Av. Pompeia, 2301
www.sinnatrah.com.br
Também oferece cursos

Região Sul

Alquimia da Cerveja
Porto Alegre-RS
www.alquimiadacerveja.com.br

Bil Bil Beer
Curitiba-PR
www.bilbilbeer.com.br

Cerveja de Panela
Canoas-RS
www.cervejadepanela.com.br

Homebrewers
Curitiba-PR
www.homebrewers.com.br

Indupropil
Ijuí-RS
www.indupropil.com.br

Malteshop
Porto Alegre-RS
www.malteshop.com.br

Vale do Lúpulo
Blumenal-SC
www.valedolupulo.com

We Consultoria
Porto Alegre-RS
loja.weconsultoria.com.br

SITES E APLICATIVOS

Fóruns On-Line
www.acervapaulista.com.br/forum/
Fórum da Associação dos Cervejeiros Artesanais Paulistas.

http://www.homebrewtalk.com.br/forum.php
Fórum que reúne brasileiros interessados em produzir cerveja artesanal.

www.jimsbeerkit.co.uk
Fórum do Reino Unido sobre cerveja artesanal, com bons conselhos.

www.homebrewtalk.com
Fórum sobre cerveja artesanal muito popular nos EUA.

Sites Úteis
www.lamasbier.com.br
Fornecedora de insumos, também mantém um blog com muita informação.

www.yeastcalculator.com
Calculadora de leveduras.

www.brewersfriend.com
Ferramentas de cálculo e espaço para postar receitas, listas de compras etc.

www.mrmalty.com
Recurso útil para a produção de cerveja, especialmente para substituições de leveduras e cálculo de starter de levedura.

www.beersmith.com
Oferece software e informações adicionais.

www.beerlabelizer.com
Fornece uma série de modelos que permitem a customização e a criação dos rótulos de sua cerveja.

www.brewtoad.com
Receitas, ferramentas de cálculo e conversões.

www.cervejahenrikboden.com.br
Portal com muita informação sobre produção de cerveja caseira.

ÍNDICE

açúcares 6, 22-3
adjuntos 22, 140
aeração, kit de 14
água 10, 18, 30
água com gipsita 140
água de Burton 140
aldeído 140
ale, definição de 140
ale com especiarias 56
ale de primavera 68
Alemanha 8, 89-105
Alfa ácidos (AA) 140
amber ales 41, 116
amilase 140
armazenamento 11
atenuação 140

baldes 14
barley wine 86
barril 15
bêbado, sinônimos de 7
best bitter 64
bitter 63
blonde ale 42
bockbier 94
Bokkøl 138
bourbon beer 120
braçadeira 14
brassagem 11, 26, 140
brown ale 72

caldeirão de fervura 12, 14, 140
Cascade ale 122
cerveja "brilhante" 140
cerveja 140
 breve histórico da 8-9
cerveja de abadia 38
cerveja de cereja 129
cerveja de figo 129
cerveja de framboesa 126
cerveja de maracujá 126
cerveja de morango 125
cerveja de Natal 55
cerveja de pêssego 130
cerveja de trigo 56
cerveja de verão 71
cervejas de frutas 125-31
cevada, grãos não maltados 22
Champagne beer 45
chips de madeira 25
chocolate stout 82
ciência 30-3
citra special 122
clarificantes 140

coffee stout 85
como reproduzir cervejas 33
como servir e provar 13
condicionamento 13, 141
condicionamento na garrafa 140
controlador 14
cream ale 111
cuba de brassagem 15, 16, 140

dark ruby mild 76
densidade 140
densidade final (FG) 140
densidade original 140
densímetro e proveta 15, 140
diacetil 140
diastática 140
doppelbock 94
double stout 115
dry hop (lupulização seca) 140
dubbel 46
dunkel 97

elderflower blond 42
equipamento 14-7
ervas 8, 25
escala Lovibond 141
escoamentos 140
escovas 15
Estados Unidos 8, 9, 107-23
ésteres 140
extra special bitter 64
extrato de malte, produção com 10

fermentação 28, 140
fermentação primária 12, 140
fermentação secundária 13, 140
fermentador 15, 16, 140
fervura 12, 26-7
filtros 15, 140
Flemish red 51
floculação 140
flores e frutas 25

garrafas, tampar, secar ae encher 15
garrafões 140
gelatina 141
golden ales 41, 116
grãos maltados 22
grist 140

hefeweizen 102
helles 93

ictiocola 141
India pale ales 8, 67
ingredientes 18-25
ingredientes do mosto 141
íon sódio 141
IPA de verão 119
Irish moss 141

jade ale neozelandesa 137

kellerbier 98
kits para a produção de cerveja 10
Kölsch 101
kräusen 141

lager (processo de produção) 13
lauter 141
lavagem 11-2, 27, 141
levedura cervejeira 141
levedura com ativador 141
leveduras 24-5, 30, 32
limpeza 6, 10, 17
lista de brassagem 141
lúpulos 6, 8, 23-4, 31, 141
lúpulos de amargor 141
lúpulos de aroma 141

malte de trigo 22
malte-base 141
maltes 18-22, 141
 seleção de 20, 22
 tabela de 21
método básico 26-8
microcervejarias 8-9, 141
mild 75
milk stout 112
minikeg 141
mosto 11, 12, 33, 141

oatmeal stout 85
Oktoberfest 104
old ale 72

pá cervejeira 15
pale ales 68, 107
pale lager 115
Pasteur, Louis 6
Patersbier 37
pétillance 141
pilsener 133
porter 78

porter defumada 78
priming 141
processo de produção 10-3

quadrupel 48

rauchbier 90
receitas, como usar as 29
red ale belga 51
roggenbier 90

saco para grãos 16
saison 52
schwarzbier 97
Scotch ale 86
seringa grande 16
solução de problemas 34
steam beer 108
stout com amora 130
stouts 60, 81-5, 112-5, 130
strong ale 119

tej 141
temperatura da fermentação 33
termômetro 16
trasfega 12-3, 141
tripel 48
trub 141
tubo para trasfega 16

válvula airlock 16
Vienna lager 134

weissbier 89
whirfloc 141
Whitbread, Sam 8
Wildflower witbier 59
witbier de amora 59

zymurgy 141

AGRADECIMENTOS

Dave e eu gostaríamos de agradecer a nossos amigos e familiares por nos apoiarem durante a elaboração deste livro, quando ficamos enfurnados com apenas duas preocupações em nossa agenda: cerveja e sua produção. Nosso agradecimento especial aos nossos respectivos companheiros, Elli e Chris, e também aos nossos filhos, que às vezes devem ter imaginado se algum dia voltaríamos do mundo cervejeiro. Assim, Florence, Isabel, Oscar, Silas, Rose e Arturo, nosso muito obrigado por serem crianças tão maravilhosas!

Agradecemos, também, a Pete Jorgensen por sua paciência ao longo do percurso, a Caroline West por seu olhar atento ao detalhe, e a Ashley Western pelo belo projeto.

E ainda a Gavin Kingcome e Luis Peral-Aranda por seu trabalho árduo para que o livro inteiro parecesse fantástico.

E, por último, muito obrigada ao meu marido, Chris, que sempre me apoiou. Por favor, visite www.beshlie.co.uk para ler minhas últimas postagens no blog.
Beshlie Grimes

Tabela da p. 19 da Wikipedia, "Beer Measurement" http://en.wikipedia/wiki/Beer_measurement (Acesso em 6 de novembro de 2011, 19:11 GMT).

SOBRE OS AUTORES

De seu pub no sul de Londres, Dave Law tem estado na linha de frente da crítica às cervejas comerciais, sem gosto e sem graça, recusando-se a servir um produto sem qualidade e buscando seus fornecedores entre as melhores cervejarias artesanais da Europa e dos Estados Unidos. Sua paixão por cervejas bem-feitas o levou a produzir suas próprias deliciosas ales, além de percorrer festivais promovendo suas cervejas favoritas.

Grande defensora do "faça você mesmo", Beshlie Grimes vive numa pequena fazenda no interior da Inglaterra com o marido, cinco filhos e muitos animais de estimação. Sempre disposta a aprender, ela produz em casa cervejas, vinhos e carnes defumadas. Entre suas preferências na cervejaria artesanal, estão as modalidades com frutas e especiarias. Também é autora de *Making wines, liqueurs & cordials*.